U0662253

汉画总录

46

徐州

GUANGXI NORMAL UNIVERSITY PRESS
广西师范大学出版社
·桂林·

本研究由 2012 年度国家社科基金重大项目"中国汉代图像数据库与《汉画总录》编撰研究"资助

本专项研究得到吴作人国际美术基金会的赞助

HANHUA ZONGLU

项目统筹 汤文辉 李 琳
责任编辑 唐 娟 罗财勇 余慧敏
装帧设计 李若静 陆润彪 刘 凛
责任技编 郭 鹏

图书在版编目（CIP）数据

汉画总录. 46, 徐州 / 杨孝军，朱青生主编. 一桂林：广西师范大学出版社，2021.12
  ISBN 978-7-5598-2066-2

Ⅰ. ①汉… Ⅱ. ①杨… ②朱… Ⅲ. ①画像砖－史料－研究－中国－汉代②画像砖－史料－研究－徐州－汉代
Ⅳ. ①K879.444

中国版本图书馆 CIP 数据核字（2019）第 166748 号

广西师范大学出版社出版发行

（广西桂林市五里店路 9 号　邮政编码：541004）
网址：http://www.bbtpress.com
出版人：黄轩庄
全国新华书店经销
广西广大印务有限责任公司印刷
（桂林市临桂区秧塘工业园西城大道北侧广西师范大学出版社集团
有限公司创意产业园内　邮政编码：541199）
开本：787 mm ×1 092 mm　1/16
印张：15.75　　字数：150 千字
2021 年 12 月第 1 版　　2021 年 12 月第 1 次印刷
定价：480.00 元

序

文字记载，图画象形。人性之深奥、文化之丰富俱在文献形相之中；史实之印证、问题之追索无非依靠文字图形。[1] 汉画乃有汉一代形相与图画资料之总称。

汉代之前，有各种物质文化遗迹与形相资料传世。但是同时代文献相对缺乏，虽可精观细察，恢复格局，重组现象，拾取位置、结构和图像信息，然而毕竟在紧要处，但凭推测，难于确证。汉代之后，也有各种物质文化遗迹与形相资料传世，但是汉代之前问题不先行获得解释，后代的讨论前提和基础就愈加含糊。尤其渊源不清，则学难究竟。汉代的文献传世较前代为多，近年汉代出土文献日增，虽不足以巨细问题尽然解决，但是与汉代之前相比，判若文献"可征"与"不可征"之别。所以，汉画作为中国形相资料的特殊阶段，据此观察可印之陈述，格局能佐之学理，现象会证之说明；位置靠史实印证，结构倚疏解诠释。因图像信息与文字信息的双重存在，将使汉画成为建立中国图像志，用形相学的方法透入历史、文化和人性的一个独特门类。此汉画作为中国文化研究关键理由之一。

两汉之世事人情、典章制度可以用文字表达者俱可在经史子集、竹帛简牍中钩沉索隐，而信仰气度、日常生活不能和不被文字记述者，当在形相资料中考察。形者，形体图像；相者，结构现象。事隔两千年形成的古今感受之间的千仞高墙，得汉画其门似可以过入。而中国文明的基业，多始于汉代对前代的总结、集成而制定规范；即使所谓表率万世之儒术，亦为汉儒所解释而使之然。诸子学说亦由汉时学人抄传选择，隐显之功过多在汉人。而道德文章、制度文化之有形迹可以直接回溯者，更是在汉代确立圭臬，千秋传承，大同小异，直至中国现代化来临。往日的学术以文字文献为主，自从进入图像传播时代，摄影、电视造就了人类看待事物的新方法，养成了直接面对图像的解读能力。于是反观历史，对于形相资料的重视与日俱增。因此，由于汉代奠定汉

---

[1] 对于古史，有所谓四重证据法：传世文献+出土文献+出土文物+依地形、位置和建筑建构遗存复原的文化环境设想。但任何史实，多少都有余绪流传至今，则可通过现今活态遗存，以证古，这是西方人类学、文化地理学中使用的方法。例如，可从近日的墓葬石工技艺中考溯汉代制作；再如，今日非物质文化遗产中的祭祀庆典仪式，其中可能有此地同族举行同类型活动的延承，正所谓"礼失而求诸野"。所以，对于某些历史对象，可以采用六重证据法：传世文献+出土文献+出土文物+复原的文化环境设想+现今活态遗存+试验考古（即用当时的工具、材料、技术、观念重新试验完成一遍古代特定的任务）。对问题的追索无非依靠文字和形相两种性质的材料，故略称"文字图形"。

族为主体的文明而重视汉代，由于读图观相的时代到来而重视图画，此汉画之为中国文化研究关键理由之二。

"汉画"沿用习称。《汉画总录》关注的汉画包括画像石、画像砖、帛画、壁画、器物纹样和重要器物、雕刻、建筑（宗教世俗场所和陵墓）。所以，与《汉画总录》互为表里的国家图像数据库 [2] 则称之为"汉代形像资料"，是为学术名称。

汉画研究根基在资料整理。图像资料的整理要达到"齐全"方能成为汉画学的基础。所谓齐全，并非奢望汉代遗迹能够完整留存至今，而是将现存遗址残迹，首先确定编号，梳理集中，配上索引，让任何一位学者或观众，有心则可由之而通览汉代的形相资料总体，了解竟有多少汉代图形存世。能齐观整体概况，则为齐也。如果进一步追索文化、历史和人性的问题，则可利用这个系统，有条理、有次序地进入浩瀚的形相数据，横征纵析，采用计算机详细精密的记录手段和索引技术，获取现有的全部图像材料。与我们陆续提供给学界的"汉代古文献全文数据库"和"中文、西文、日文研究文献数据库"互为参究，就能协助任何课题，在一个整体学科层面上开展，减少重复，杜绝抄袭，推动研究，解决问题。能把握学科动态则为全也。《汉画总录》是与国家图像数据库相辅相成的一个长期文化工程，是依赖全体汉画学者努力方能成就的共同事业。一事功成，全体受益。如果《汉画总录》及其索引系统建成完整、细致、方便的资料系统，则汉画学的推进可望有飞跃发展，对其他学科亦不无帮助。

汉画编目和《汉画总录》的编辑是繁琐而细致的工作。其平常在枯燥艰苦的境况中日以继夜。此事几无利益，少有名声，唯一可以告慰的是我们正用耐心的劳动，抹去时间的风尘，使中国文明之光的一段承载——汉画，进入现代学术的学理系统中，信息充溢，条理清楚，惠及学界。况且汉画虽是古代文化资料，毕竟养成和包蕴汉唐雄风；而将雄风之遗在当今呈现，是对中国文明的贡献，也是为人类不同文明之间更为深刻的互相理解和世界在现代化中的发展提示参照。

人生有一事如此可为，夫复何求？

编　者
2006年7月25日

---

[2] 2005年国家文化部将中国汉代图像信息综合调查与数据库项目纳入"国家数据库专项"系统。

编辑体例

《汉画总录》包括编号、图片、图片说明、图像数据、文献目录、索引六部分内容。

1. 编号

为了研究和整理的需要，将现有传世汉画材料统一编号。编号工作归属于一个国家项目协调（《中国汉代图像信息综合调查与数据库》为国家艺术科学"十五"规划项目）。方法是以省、区编号（如陕西 SSX，山西 SX）加市、县，或地区编号（如米脂 MZ）再加序列号（三位），同一汉画组合中的部件在序列号之后加横杠，再加序列号（两位）。比如米脂党家沟左门柱，标示为 SSX-MZ-005-01（说明：陕西—米脂—党家沟画像石墓—左门柱）。编号最终只有技术性排序，即首先根据"地点"的拼音缩写的字母排列顺序，在同一地点根据工作序列号的顺序。

地点是以出土地为第一选择，不在原地但仍然有确切信息断定其出土地的，归到出土地编号，并在图片说明中标示其收藏地和版权所有者。如果只能断定其出土地大区（省、区），则在小区（市、县、地区）部分用"××"表示。比如美国密西根大学博物馆藏的出自山东某地，标示为SD-××-001。如果完全不能断定其出土地点，则以收藏地点缩写编号。

编号完成之后，索引、通检和引证将大为方便。论及某一个形象或画面，只要标注某编号，不仅简明统一，而且可以在《汉画总录》和与此相表里的国家图像数据库（国家文化部将《中国汉代图像信息综合调查与数据库》项目纳入"国家数据库专项"系统）中根据检索方法立即找到其照片、拓片、线图、相关图像和墓葬的全部信息，以及关于这个对象尽可能全面的全部研究成果，甚至将来还可以检索到古文献和出土文献的相关信息，以及同一类型图像或近似图像的公布、保存和研究情况。

2. 图片

记录汉代画像石、画像砖的图片采取拓片、照片和线图相比照的方式处理。[1] 传统著录汉画的方式是拓片，拓片的特点是原尺寸拓印。同时，拓片制作时存在对图像的取舍和捶拓手工轻重粗精之别，而成为独立于原石的艺术品。拓片不能完整记录墓葬中画像砖石的相互衔接和位置关系，

---

[1] 由于在《汉画总录》的编辑方针中，将线描用于对图像的解释和补充，线描制作者的观点和认识会有助于读者理解，但也形成了一定的误导和局限，因此在无必要时，将逐步减少线描的数量，而把这个工作留待读者在研究时自行完成。

以及墓葬内的建筑信息，无法记录画像石上的墨线和色彩，对于非平面的、凸凹起伏的浮雕类画像砖石，也不能有效地记录其立体造型。不同拓片制作者以及每次制得的拓片都会有差异。使用拓片一个有意无意的后果是拓片代替原石成为研究的起点，影响了对画像石的感受和认知。拓片便利了研究的同时也限制了研究。只是有些画像砖石原件已失，仅存拓片，或者原石残损严重，记录画像砖石的拓片则为一种必要的方法。

照片对画像砖石的记录可以反映原件的质地和刻划方法、浮雕的凸凹起伏，能够记录砖石上的墨线和色彩，是高质量的图像记录中不可缺失的环节。线图可以着重、清晰地描绘物像的造型和轮廓，同时作为一种阐释的方法，可以展示考察、记录研究者对图像的辨识和推证。采取线图、照片、拓片相结合的途径记录画像砖石，可相互取长补短，较为完备。

帛画、壁画和器物纹样一般采用照片和线图。

其他立体图像采用照片、三维计算机图形、平面图和各种推测性的复原图及局部线图。组合图与其他图表的使用，多部组合关系明确的情况，一般会给出组合图加以标明，用线描图呈现。如多部组合而关系不明确的情况下则或缺存疑。其他测绘图、剖面图、平面图以及相关列表等均根据需要，随着录列出，视为一种图解性质的"说明"。[2]

3. 图片说明

图片说明分为两个部分。其一是关于图片的基本信息，归入"4. 图像数据"中说明；其二是对于图像内容的描述。描述古代图像时，基于古今处在不同的观念体系中的这一个基本前提，采取不同方式判定图像。

3.1 尝试还原到当时的概念中给予解释[3]，在此方向下通常有两种途径。

3.1.1 检索古代文献中与图像对应的记载或描述，做出判定。但现存的问题，一是并非所有图像都能在文献中找到相应的记载或解释，即缺乏完备性；二是这种"对应"关系是人为赋予的，

---

[2]根据编辑需要，在材料和技术允许的情况下，会给出部分组合关系图。由于编辑过程受到各种条件的限制，尽其努力也无法解决全卷缺少部分原石图、拓片、线图的情况，或者极个别原石尺寸不齐的情况，目前保持阙如，待今后在补遗卷中争取弥补。

[3]任何方式中我们都不可能完全脱离今人的认识结构这一立足点，不可能清除解释过程中"我"的存在，难以避免以今人的观念结构去驾驭古代的概念。完全回到当时当地观念中去只是设想。解释策略决定了解释结果。在第一种方式中，我们的目的不是把自己置换到古人的处境中去体验，而是去认识古人所用概念及其间结构关系。

文献与图像并不存在必然的联系，且不同研究者可能做出不同的判断 [4]；三是现存文献只是当时多种版本的一种，民间工匠制作画像石所依据的口述或文字版本未必与经过梳理的传世文献（多为正史、官方记录和知识分子的叙述）相符。

3.1.2 依据出土壁画上的题记、画像砖石上的榜题、器物上的铭文等出土文字材料，对相应图像做出判定，这种方式切近实况，能反映当时当地的用语，但是能找到对应题记的图像只占图像总体的一小部分。

3.2 在缺失文献的情况下，重构一种图像描述的方式——尽量类型化并具有明晰的公认性。如大量出现的独角兽，在尚不确定称其为"觟"还是"獬豸"时，便暂描述为独角兽，尽管现存汉代文献中可能无"独角兽"一词。同时，图像描述采取结构性方式，即先不做局部意义指定，而是在形状—形象—图画—幅面—建筑结构—地下地上关系—墓葬与生宅的关系—存世遗迹和佚失部分（黑箱）之间的关系等关系结构中，判定图像的性质或意义。尽管没有文字信息，图像在画面和墓葬中的位置和形相关系提供了考察其意义和"功能"的线索。

在实际图片说明中，上述两种方式往往并用。对图像的描述是在意识到这些问题的情况下展开的，部分指谓和用语延承了以往的研究，部分使用了新词，但都不代表对图像涵义的最终判定，而只是一种描述。

4. 图像数据

图片的基本信息（诸如编号、尺寸、质地、时代、出土地、收藏地等）实际上是图像数据库的一个简明提示。收入的汉画相关信息通过数据库的方式著录，其中包括画像石编号、拓片号、原石照片编号、原石尺寸 [5]、画面尺寸、画面简述、时代、出土时间、征集时间、出土地 [6]、收藏地、原收藏号、原石状况（现状）、所属墓葬编号 [7]、组合关系、著录文献等项。文字、质地、色彩、制

---

[4] 关于此前题材判定和分类的方法和问题，参见盛磊：《四川汉代画像题材类型问题研究》，北京大学艺术学系99级硕士毕业论文。

[5] 画面尺寸的单位均为厘米，书中不再标识。

[6] 出土与征集的区分以是否经过科学发掘为界，凡经正式发掘（无论考古报告发表与否）均记为出土，凡非正式发掘（即使有明确出土地点和位置）均记为征集。

[7] 所属墓葬因发掘批次和年代各异，故记为发掘时间加当时墓葬编号，如1981M3表示党家沟1981年发掘的第三号墓葬。

作者、订件人、所在位置、相关器物、鉴定意见、发现人中有可著录者，均在备注项中列出。画像石墓表包括墓葬所在地、时代、墓葬所处地理环境、封土情况、发现和清理发掘时间、墓向、墓葬形制、随葬器物、棺椁尸骨、画像石装置，发现人、发掘主持人也在备注项中注出。建立数据库的目的和价值在于对数据库中的所有记录进行检索、比较、统计、分析，以期达到研究的完备性和规范性。[8]

5. 文献目录

文献目录列出一个区域（指对汉画集中地区的归纳，如陕北、南阳、徐州、四川等，多根据汉画研究的分区，而非严格的行政区划）有关汉画内容的古文献、研究论著和论文索引，并附内容提要。在每件汉画著录中列专项注出其相关研究文献。

6. 索引

按主题词和关键词建立索引项，待全部工作结束之后，做成总索引。因为《汉画总录》的分卷编辑虽然是按现在保管地区为单位齐头并进，但各种图像材料基本按出土地点各归其所，所以地名部分不出分卷索引，只在总索引中另行编排。

朱青生

北京大学汉画研究所

2006 年 7 月 31 日

---

[8] 对于存在大量样本和繁杂信息的研究对象，数据库的应用是有效的。在考古类型学中，传统的制表耗费时力，且不便记忆和阅读，细碎的分类常有割裂有机整体之弊。《汉画总录》的设想是：（1）无论已有公论还是存疑的图像，一律不沿用旧有的命名及在此基础上的分类，而按一致的规范和方法记录。（2）扩大图像信息的范畴，全面记录相关要素，包括出土状况（发掘/清理/收集）、发现人、出土时间、出土地点及其所属古代区划、画像材质、尺寸、所属墓葬形制、画像位置、随葬器物及其位置、画像保存状况、铭文、已有断代、图像资料出处、相关图片、相关研究、收藏地等。图像则记录单位图像的位置及其间的组合情况。（3）利用数据库，按不同线索和层次对图像信息进行查询、检索，根据统计结果做出判断。

目 录

前 言 ··· 12

图 录 ·· （以汉画总录编号排列）

JS-XZ-011-01 ··· 18

JS-XZ-011-03 ··· 20

JS-XZ-011-04 ··· 22

JS-XZ-011-05 ··· 25

JS-XZ-011-06 ··· 38

JS-XZ-011-07 ··· 42

JS-XZ-012-01 ··· 50

JS-XZ-012-02 ··· 56

JS-XZ-012-03 ··· 60

JS-XZ-012-04 ··· 62

JS-XZ-012-05 ··· 65

JS-XZ-013-01 ··· 80

JS-XZ-013-02 ··· 82

JS-XZ-013-03 ··· 86

JS-XZ-013-04 ··· 88

JS-XZ-013-05 ··· 90

JS-XZ-013-06 ··· 96

JS-XZ-013-07 ··· 102

JS-XZ-013-08 ··· 104

JS-XZ-013-09 ··· 106

JS-XZ-013-10 ··· 108

JS-XZ-013-11 ·· 110

JS-XZ-013-12 ·· 112

JS-XZ-013-13 ·· 114

JS-XZ-013-14(1) ·· 116

JS-XZ-013-14(2) ·· 118

JS-XZ-013-15 ·· 120

JS-XZ-013-16 ·· 122

JS-XZ-013-17 ·· 124

JS-XZ-013-18 ·· 126

JS-XZ-013-19 ·· 130

JS-XZ-013-20 ·· 134

JS-XZ-013-21 ·· 136

JS-XZ-013-22 ·· 140

JS-XZ-013-23 ·· 142

JS-XZ-013-24 ·· 144

JS-XZ-013-25 ·· 146

JS-XZ-013-26 ·· 148

JS-XZ-013-27 ·· 150

JS-XZ-013-28 ·· 156

JS-XZ-013-29 ·· 158

JS-XZ-013-30 ·· 160

JS-XZ-013-31 ·· 162

JS-XZ-013-32 ·· 170

JS-XZ-014 ·· 172

JS-XZ-015 ·· 175

JS-XZ-016 ·· 178

JS-XZ-017-04 ·· 180

JS-XZ-017-05 ·· 182

JS-XZ-018 ·· 184

JS-XZ-019 ·· 186

JS-XZ-020 ·· 190

JS-XZ-021 ·· 194

JS-XZ-022 ·· 196

JS-XZ-023 ·· 200

JS-XZ-024 ·· 202

JS-XZ-025 ·· 204

JS-XZ-026(1) ·· 206

JS-XZ-026(2) ·· 210

JS-XZ-026(3) ·· 212

JS-XZ-027 ·· 214

JS-XZ-028 ·· 217

JS-XZ-029 ·· 220

JS-XZ-030 ·· 222

JS-XZ-031 ·· 224

JS-XZ-032 ·· 226

JS-XZ-033 ·· 228

JS-XZ-034 ·· 230

JS-XZ-035 ·· 232

JS-XZ-036·· 234

JS-XZ-037-01·· 236

JS-XZ-037-02·· 238

补 遗·· 240

JS-XZ-011-02·· 240

JS-XZ-017-01·· 241

JS-XZ-017-02·· 242

JS-XZ-017-03·· 243

JS-XZ-017-06·· 244

JS-XZ-017-07·· 245

JS-XZ-017-08·· 246

前　言

《汉画总录》徐州卷我们所用的时间最长，1996年《汉画总录》项目刚刚开始，我们就到徐州进行了全面的考察和计划。本来《汉画总录》计划从徐州卷开始启动，但是由于各种原因，徐州卷到目前为止，决定分期和分区来进行。

《汉画总录》中"汉画"有一个宽泛的概念和一个狭义的概念。宽泛的概念就是"汉代形象"，这是北京大学汉画研究所主持的国家社科重大课题项目"中国汉代图像数据库与《汉画总录》编撰研究"题目所规定的。狭义的概念是传统所说的汉画，是指根据画像石画像砖所形成的拓片。《汉画总录》徐州卷以宽泛的汉画概念作为研究的方向，所以整个工作分成三期。所谓分期，是指在徐州市委宣传部冯其谱部长的主持之下，把徐州地区（含各区县）的博物馆、画像石馆、遗址和文化单位所收藏保管的画像石、画像砖、器物纹样和各种其他形象进行全面的著录。第一期是在2000年之前就开始与武利华馆长、李银德馆长合作研究，对徐州汉画的整体情况和整个徐州画像石馆的编辑计划作了充分的探讨，具体著录工作在徐州博物馆李晓军馆长和徐州汉画像石艺术馆梁勇馆长的领导之下，首先对徐州汉画像石艺术馆的部分画像石进行了拍摄、捶拓、测绘和著录，经过北京大学汉画研究所的编辑工作，出版为7卷。第二期是在杨孝军馆长的领导之下，对徐州汉画像石艺术馆所有画像石进行一次彻底的清理，并对徐州地区各区县的博物馆、遗址继续进行整理，计划编为20卷左右。第三期是对其他汉代图像进行调查与著录。

所谓分区，就是徐州的画像石不仅仅保存在徐州汉画像石艺术馆，还分别存于徐州博物馆以及各个区县的文物保管部门，所以徐州卷按各个具体的保管单位来进行著录和编辑（以下具体编到哪一个部分，就写这一部分的细节）。

在徐州卷的编辑过程中出现了一个新情况。由于徐州汉画像石艺术馆保管和研究收藏能力强，所在城市经济实力强大，地区领导高度重视和支持，所以馆中收藏的画像石未必都是出自徐州地区，还包括具有各种来源的征集品和捐赠品。这样一来，在徐州所看到的画像石不一定是徐州画像石，而是有部分来自周围的地区，甚至来自相当遥远的区域，其出处不明确，流传过程曲折，给徐州卷的编辑造成了很复杂的情况。这就为《汉画总录》的著录和编辑工作带来了新的课题：我们如何在一个地区性的标志卷帙之下汇集地区来源不同，以及来源不明的画像石。

这就是"总录观念"，在编辑分类上属于分类全集（catalogue raisonné）的方法[1]，就是将图像材料切分成可以完成的类别，对这一类别所有的材料进行全面考察、著录、编辑、发表。对象的分类可以按其自身性质来划分，也可以用人为的规定来划分。比如根据人物（作者）记录这个人的全部作品，或者某一种类型的图像在一个时代（确定时段）和一定文化（确定区域和特殊文化性质）中的全部遗存。《汉画总录》徐州卷的分类确定为"徐州地区文物单位目前保管的现有汉代墓葬石刻图像材料"。汉代墓葬石刻图像材料并不是汉画的全部。我们在编辑《汉画总录》时，把汉画定义为"广义的汉画"，即汉代图像[2]（相对于汉代的实物和汉代的文献而言）。汉代的图像还包括画像砖、壁画和帛画、器物纹样（含平面的一般概念绘画，特别是构成幅面整体的图画）、纺织纹样和其他纹样，以及组成各种形相逻辑的图像关系。所谓图像关系，就是形相学中的"相性"，并不一定是一幅或一组确定的图画，而是各种现象和形象互相之间的一种连带关系，得以被记录、标识和展现出来的"图"。这个问题笔者在2004年已经作过论证与说明，当时正在编辑《汉画总录》（1–10册）："一个画面首先是一根线条，再由线条造成一个图形，然后由图形来构成形象，形象变成图画，图画进一步发展为图像，图像就是诸多图画的集合，是一个有意义的画面。接下来是方位问题，任何一个图画都要处于一定的位置上才会有意义，这些有意义的图画进一步与非图画成分形成整体构造，再进一步在整体结构中与墓下—墓上的系统发生关系。再向前推一步是与地理环境的关系，任何地理环境都有一个在特殊观念中形成的图像。这样的'关系'可概括为10层，分别为线条与形状、形状与图形、图形与形象、形象与图画、图画与图像、图画与（它所在方位组成的）画幅、画幅与（非图画器物因素构成的）整体、整体与（全部）墓内、墓内与墓上、墓葬与地理环境的关系等，因此在研究汉画时，北京大学汉画研究所的方法就是在这十层'关系'中进行解释。现在有许多学者已经开始注意到这种关系，我们进一步认为研究单独的一件作品是'形学'，它们之间相互关联与对应的关系是'相学'。"

[1] 这个概念在编辑伊始已经确立，但是对《汉画总录》作为catalogue raisonné（分类全集）和作为图像志（iconography）的基础这一点当时没有充分强调。

[2] "中国汉代图像数据库与《汉画总录》编撰研究"（项目批准号：12&ZD233）的阶段性成果呈现。该项目同时是由广西师范大学出版社申报、由国家新闻出版总署批准支持的出版项目，拟资助全国范围内共计200册《汉画总录》的出版。这里的200册收录的是广义的汉画，即中国汉代图像数据。

这个方法也可以扩展到今后对于来源不清或者真假程度存疑的作品的辨识。随着社会经济的发展，据称仅徐州地区就正以每天几十块的生产量在制造汉代画像石的复制品。复制品一方面作为文化产业的产品，成为建筑和装饰工程的材料，满足在文化自信发展的时代，人们对带有汉代艺术风格和内容的作品的欣赏需要；另外一方面，它也有意和无意地变成一个造假的生意、行当，利用汉墓中发掘出土的石头，按画像石的各种图样进行刻画，有些则是在真实的画像石上补刻（文字和复杂图像），更多的是仿制新刻，甚至对同一件作品进行批量生产，混入古代原作，成为赝品，通过各种销售场景和环节的设局，分销各地。所以，今后在各个收藏中间都会掺入大量不仅来源不明而且真假难辨的作品。当然，在编辑徐州卷之前，《汉画总录》只收罗在公共收藏中出处清晰、保管记录流传有序、收藏记录明确的作品。这是基本原则，以后也还会以此为基础。但是随着工作的推进，徐州卷就大量地涉及了这一部分流转搜集、来源不明的藏品，此类藏品甚至已经成为地方博物馆的重要部分。而在中国普遍存在的大量的私人收藏，大多是未经考古发掘、出处不详、来源不明的藏品。如果对这一部分完全忽视，不加著录，忽视的就不仅仅是几块石头，而是作为汉画全集的资料的整体。出处不明，不代表其不是；真赝难辨，不代表其完全不真！这个情况在徐州卷之前所编辑的各地汉画中也零星地存在，比如在陕北卷里面就有很多藏品是征集而来，出处不明，而且也有个别真伪无法绝对确定的作品。2011年完成陕北卷时，我们就确立了这样的"总录观念"："由于上述的21世纪之前汉画不作为重要文物而零散流落，21世纪以来又有许多流散和新出土的汉画流落在私人收藏中，公共机构和国家博物馆的购藏过程也无法避免各种盗掘、作假的作品异地流通，通过不正当渠道及手续进入博物馆收藏，所以真正通过科学发掘的汉画在整体汉画范畴中所占比例不高。因此既要广泛地记录汉画的现象，又要对可能的怀疑留下依据，同时也要将汉画的一些各种原因零落流散的重要证据尽可能地保存。《汉画总录》采取了 catalogue raisonné（分类全集）的现代观念来进行著录。在这种著录过程中，不是把一个对象简单地定义为真或伪，来源清晰或模糊，整体或零碎，具备或不具备确切年代，而是将其各种记录、争论、判断一并记录，给出怀疑的余地和补救的可能，把汉画的整体现象，包括明显作假却有相当的警示和对照作用的作品，也选择其典型案例进入总录，使得对汉画的著录变成一个相对来说既精密，又可以不断趋向更为精密的研究记录。当然，由于收录制度的严密，编辑委员会对于明显造假的作品一律不收，除非作为对比的案例陈列。《汉画总录》不收任何没有原始文物的拓片和照片（除非用于对比和残损补充）。"[3]

因此对于这些问题，我们采取的办法是，在著录时针对出处和来源的标示进行不同程度的区分。《汉画总录》徐州卷的部分将作这样的区分：

第1种，凡是有明确出土地点并且流传、收藏记录完整者，标明出处。

第2种，凡源自征集、来源直接并知道大概地域者，标为征集，并且注明大概的征集地点。

第3种，出处不明、由各种流通渠道征集者，标为征集。

第4种，从各种渠道进入、缺少基本的征集信息，或者记录信息有明显讹误者，标成馆藏。

我们明确建议《汉画总录》的使用者应该有这样一个清晰的区别意识：凡是标明"征集（无出土地点）"和"馆藏"的画像石，在引用时必须比对其他信息，多加考证，不可以直接引用。对这样的作品的鉴别是进行研究活动的必要前提和伴随工作。随着国家经济的发展和市场经济的繁荣，考古器物和文物的存世会出现一些复杂的情况，愈演愈烈。因此今后在著录的过程中，《汉画总录》将秉持徐州卷所确立的这个方向，继续往更为细致和深入的方向作出区别和认定。

有了分类全集作为基础，就能将存世并封存于各处的全部相关材料进行通检和比对，从而就能编辑更为精密的图像志。经过仔细的检验图像志的整体工作之后，个案研究才更容易展开，因为其基础材料的检验系统和数据系统事先已经完整成立。也许这是在计算机数据库和互联网时代，在学术研究的新的条件下提出的新的要求。

汉代许慎编《说文解字》，搜罗和查遍汉和帝永元十二年（公元100年）到汉安帝建光元年（公元121年）之前的所有字样（文字资料），收字9353个，另收"重文"（即异体字）1163个，总共获得10516字，再将这些个别的字分成540个部首，按类编排，逐字解释，先辨析字体来源，再研究意义的赋予与延伸，成为中国在汉代的文字方面的一部基准字典。虽然东汉中后期由于今文经学的影响，对文字的意义的附会在所难免，当时又没有严格的文字考古，对每一个字只从古文（六国文字，含零星的两周遗文）到小篆溯源，而非从甲骨文、金文的形式演变路径追溯，更谈不上对从图像到文字的演变路径的思索，也不会顾及语言从图—音混合交错地形成文字的心理和环境过程

---

[3] 朱青生、张欣、任楷：《〈汉画总录〉编辑的方法》，未刊稿。

因素，但这部字典仍是讨论中国文字问题的根据和基础。

中国在汉代也有一个同样丰富复杂的图像系统，但是当时没有人编撰整理图谱，及至如今，问题变得非常复杂，不仅对每个形象（线条—形状所建构的可辨认的形相层次）和图画（具有构图关系的形象组合）没有分门别类的谱系认识，而经由形象—图画—图像—画幅构成的形相逻辑更是交织纠缠，多个意义来源并置。以马王堆1号汉墓的帛画为例，这一件（多画幅）图像中所显现出来的形象和图画并不是来源于一个形相系统，也不是根植于一个完整的理论框架和观念系统，这样一来，如何解释帛画就莫衷一是。[4] 所以我们只能把墓葬中使用的图像问题看成是一种图样的铺陈 [5]，而不能看成是一个具有完整意义的图画和密码系统设计。但是今天我们反过来对以汉代为主体，并囊括汉代以前的所有图样进行通盘检验，其实还是希望通过大数据整合找出汉画即汉代形象的整体的意义系统结构，只不过这个意义系统不可以过于穿凿定义与细节，而需要高度谨慎地悬置于一个大体意义框架解释上，为多方面的推敲留有余地。比如南北朝佛教传入后的图像系统，丝绸之路的打通，使西边的图像传统先于佛教传入。丝绸之路并非因为佛教而打通，而是打通之后佛教才逐步渗透，图像也是如此。对于这些逐步掺入图像系统的意义，到底应该怎么来辨析？首先还是必须对汉代整体部分进行根本的梳理和编辑，才能够逐步对比出哪些是汉族地区非本来的因素。

虽然汉代图像分类全集这个工作今天还是存在很多的缺环，但也不是不可以做部分展开图像志的工作，《汉画总录》的编辑本来就是为构建这样的逐步完善却永无止境的图像志作准备，正如我们一开始的总体思路：

《汉画总录》作为中国图像志的基础部分，是中国图像志的关键性工程。从中国图像志整体工程而言，在汉代之前，大量图像因为没有文献证据，根本无法建立确切的图像志，必须靠汉代的图像志来反推，因为汉代既有大量的成体系的图像，也有相关的文献，可以对其加以确证。汉

---

[4] 参见 Jerome Silbergeld, "Mawangdui, Excavated Materials, and Transmitted Texts: A Cautionary Note", *Early China*, Vol. 8 (1982—83), pp. 79—92。

[5] 2004年我在纪念马王堆汉墓发掘30周年国际学术讨论会上作大会发言，发表了"铺陈说"的理论，同时论证马王堆帛画在墓葬中并不是预先设定和高度尊崇的元素，其画面内容并不是出于同一个意义系统，图画之间也不存在严密的形相逻辑关系，而且也不具备任何引魂升天的意指。

代之后，也必须以汉代为基础，才能推到唐代及唐以后。所以，汉代图像是中国图像志构建过程中一个不可替代的关键性工程。从图像志编制本身的技术规程而言，即从艺术史的研究技术而言，先有分类全集即总录，然后才能在此基础上编辑图像志。任何图像志即图谱都是在所有的相关图像得到整体调查，理论上全部集全之后才能够进行归类整理和溯源考证（这里的研究空间永无边际）。有了图像志的图像认识之后方能进行专门问题的扩展，引申出"新艺术学"，即对各种图像所记录和显示的意义进行历史学、社会学、人类学、文化学、心理学甚至经济学问题的研究。反过来，这样的研究又促进和帮助了对图像志的校正与深入了解。

《汉画总录》是各学科研究的共同基础项目。在图像时代到来之后，原来以文字文献为主导的科学研究和文明记录方式会被日益普及的以文字和图像为共同基础的研究方法和研究手段代替。图像数据库的建立不仅是和艺术学相关的科目的基础，而且是各门社会科学和人文科学的共同基础项目，比如21世纪的古典学科在西方已经不单是语言学，还包含了图像和物质材料的重大扩展。事实上，中国的文、史以及社会科学的研究，已经大量使用图像材料，只是缺乏基础建设，这种使用才因此显得零星而散乱。

《汉画总录》是现代人文和社会科学方法论的前沿研究。如何在读图时代和新媒体时代记录图像、使用图像，是处在今天世界哲学最前沿的图像回归问题。对图像的技术性处理涉及传播和跨学科（与物理学、生物学）的视觉与图像构成，以及计算机中的大量所谓数字内容的基础理论和运用实践，更直接的联系是和计算机视觉传播以及创意产业、动漫产业之间的关系。没有图像志，就等于没有一部"图画的字典"。

朱青生于北京大学汉画研究所

2019年9月24日

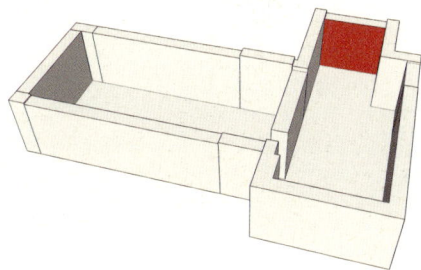

编号	JS-XZ-011-01
时代	东汉
出土/征集地	徐州贾汪区青山泉水泥厂 M1 汉墓
出土/征集时间	1987年出土
原石尺寸	97×93×22
质地	石灰岩
原石情况	原石呈方形，基本完整。
组合关系	墓门门扉
画面简述	此图为浅浮雕。画面中央可见一铺首，铺首下有二须（？）。画面四周有三层边框，上、左、右三边外层框间填刻连弧纹，下边填刻三角形纹；内层框间四周填刻双层菱形纹。
著录与文献	邱永生：《徐州青山泉水泥二厂一、二号汉墓发掘简报》，《中原文物》1992年第1期，第92页，图5；武利华：《徐州汉画像石通论》，北京：文化艺术出版社，2017年，第132页。
收藏单位	徐州汉画像石艺术馆

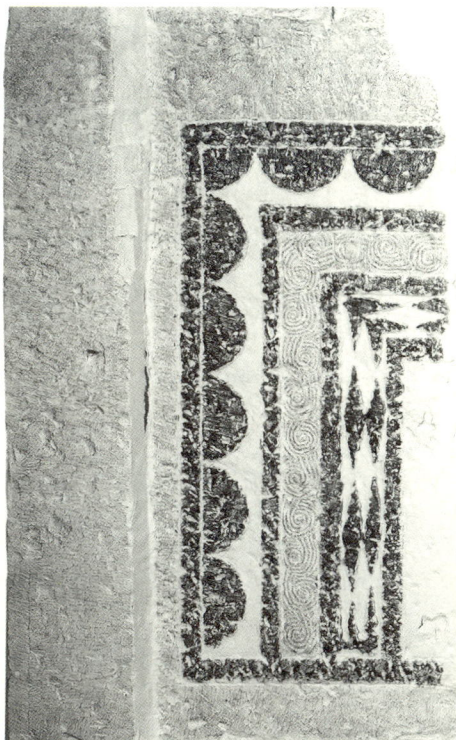

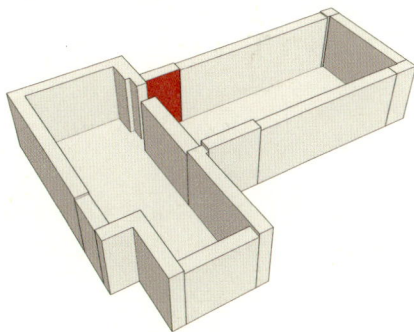

编号	JS-XZ-011-03
时代	东汉
出土/征集地	徐州贾汪区青山泉水泥厂 M1 汉墓
出土/征集时间	1987年出土
原石尺寸	97×56×36
质地	石灰岩
原石情况	原石呈长方形，基本完整。
组合关系	后室西壁前侧
画面简述	此图为浅浮雕。画面上、下、左三边有框，上、左边有四层框，框间由外至内填刻连弧纹、涡形纹、双层菱形纹，右边连接其他图像。
著录与文献	徐毅英主编：《徐州汉画像石》，北京：中国世界语出版社，1995年，第54-55页，图63、64；武利华主编：《徐州汉画像石》，北京：线装书局，2004年，第130页，图130；武利华：《徐州汉画像石通论》，北京：文化艺术出版社，2017年，第132页。
收藏单位	徐州汉画像石艺术馆

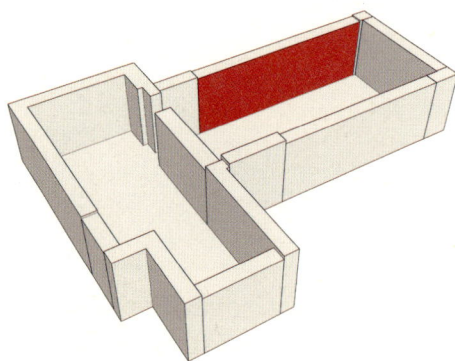

编号	JS-XZ-011-04
时代	东汉
出土/征集地	徐州贾汪区青山泉水泥厂 M1 汉墓
出土/征集时间	1987 年出土
原石尺寸	97.6×281.1×36
质地	石灰岩
原石情况	原石呈长方形，断为左右两块。
组合关系	后室西壁后侧
画面简述	此图为浅浮雕。画面左端一四坡顶厅堂式建筑，其正脊中央一三角形凸起，正脊与垂脊末端皆起翘，右侧垂脊上立一兽；屋面瓦垄清晰，檐口刻一行圆形表示瓦当；檐下双柱，柱身有纵向凹槽及波形纹饰，柱顶置大栌斗承檐，柱下似有阶梯状柱础倚于柱脚；檐下两柱之间上有二垂幔，下有二人，皆戴冠着袍，坐于榻上，二人之间置一三足樽及勺。建筑右侧为庖厨场景，其左下方有一灶，灶上置甑，二人于灶旁为炊事，一人跽坐弄火，一人抬手而立；二人上方有横杆，杆下悬一鸟、一猪腿（一说火腿）、一（腊？）肉；其右一"U"形框，框内一人跽坐持刀于俎案上备餐；下有一井，井上有井架及辘轳，一人立于右侧正从井中提水。再右二人（吏），居左者捧盾躬身而立；居右者戴冠持笏（?），面右呈迎迓状；二人上方各一鸟左飞，居右者面前一树，两主干盘曲缠绕。树右一骑左行，戴冠着袍，马背似携一弓；其身后二囚徒（钳徒），前者颈戴钳铁（一说为枷），后者双臂反绑（部分形象残损不可见）；再后一骑，肩荷一长杆，杆头悬幡（?）或节；再后一辆一马施维（藩）轺车，车轮八辐，前有御者，后有乘者；画面上缘有飞鸟或鸟首补白。画面上、下边有框，上边为四层框，框间由外至内分别填刻连弧纹、涡形纹、双层菱形纹，下边除左端厅堂式建筑的局部外，皆为双层框，框间填刻三角形纹。
著录与文献	邱永生：《徐州青山泉水泥二厂一、二号汉墓发掘简报》，《中原文物》1992 年第 1 期，第 93 页，图 9；徐毅英主编：《徐州汉画像石》，北京：中国世界语出版社，1995 年，第 54-55 页，图 63、64；扬之水：《幡与牙旗》，《中国历史文物》2002 年第 1 期，第 17 页，图 2；武利华主编：《徐州汉画像石》，北京：线装书局，2004 年，第 130 页，图 130；武利华：《徐州汉画像石通论》，北京：文化艺术出版社，2017 年，第 132 页。
收藏单位	徐州汉画像石艺术馆

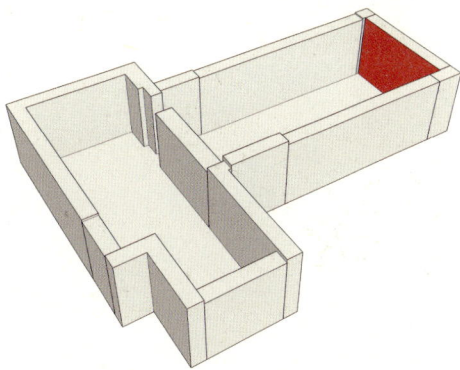

编号	JS-XZ-011-05
时代	东汉
出土/征集地	徐州贾汪区青山泉水泥厂 M1 汉墓
出土/征集时间	1987 年出土
原石尺寸	95×148×36
质地	石灰岩
原石情况	原石呈长方形，基本完整。
组合关系	后室北壁
画面简述	此图为浅浮雕。画面左端可见另二囚徒（钳徒），皆颈戴钳铁（一说为枷），上有一鸟左飞，身后一骑，一手持鞭，一手持戟；再后一辆一马施维（藩）軿车，车轮八辐，前有御者，后有乘者；其后一骑；再后另一辆一马施维（藩）軿车，车轮八辐，但马立而未动，车上似无人；车后一人，戴冠着束腰及地广袖长袍，抬一手左向而立。画面上、下边有框，上边为四层框，框间由外至内分别填刻连弧纹、涡形纹、双层菱形纹，下边为双层框，框间填刻三角形纹。
著录与文献	邱永生：《徐州青山泉水泥二厂一、二号汉墓发掘简报》，《中原文物》1992 年第 1 期，第 93 页，图 8；徐毅英主编：《徐州汉画像石》，北京：中国世界语出版社，1995 年，第 54-55 页，图 63、64；扬之水：《幡与牙旗》，《中国历史文物》2002 年第 1 期，第 17 页，图 2；武利华主编：《徐州汉画像石》，北京：线装书局，2004 年，第 130 页，图 130；武利华：《徐州汉画像石通论》，北京：文化艺术出版社，2017 年，第 132 页。
收藏单位	徐州汉画像石艺术馆

JS-XZ-011-04局部

JS-XZ-011-05局部

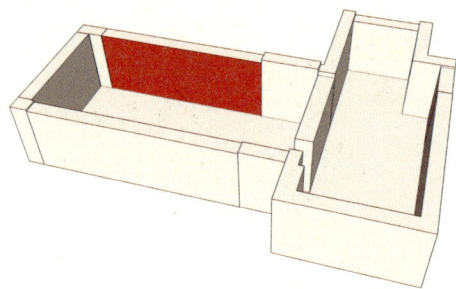

编号	JS-XZ-011-06
时代	东汉
出土/征集地	徐州贾汪区青山泉水泥厂 M1 汉墓
出土/征集时间	1987 年出土
原石尺寸	95×230×36
质地	石灰岩
原石情况	原石呈长方形，断为左右两块。
组合关系	后室东壁后侧
画面简述	此图为浅浮雕。画面左端一辆一马施维（藩）軿车，车轮八辐，仅可见车上乘者（?）之冠；其后二骑，皆戴冠着袍；再后两辆一马施维（藩）軿车，车轮八辐，仅可见车上乘者（?）之冠；两车之间另有一骑；后车之后有一马，马后一树，两主干盘曲缠绕；画面上方有若干左向飞鸟补白。画面上、下边有框，上边为四层框，框间由外至内分别填刻连弧纹、涡形纹、双层菱形纹，下边为双层框，框间填刻三角形纹。
著录与文献	邱永生：《徐州青山泉水泥二厂一、二号汉墓发掘简报》，《中原文物》1992 年第 1 期，第 93 页，图 7；徐毅英主编：《徐州汉画像石》，北京：中国世界语出版社，1995 年，第 54-55 页，图 63、64；武利华主编：《徐州汉画像石》，北京：线装书局，2004 年，第 130 页，图 130；武利华：《徐州汉画像石通论》，北京：文化艺术出版社，2017 年，第 132 页。
收藏单位	徐州汉画像石艺术馆

JS-XZ-011-07局部

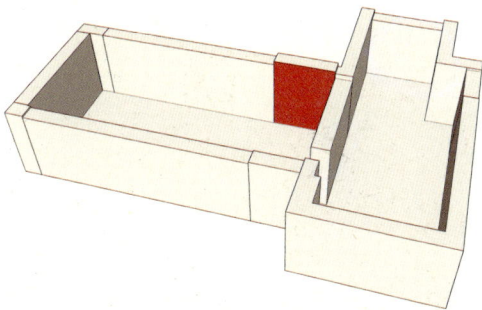

编号	JS-XZ-011-07
时代	东汉
出土/征集地	徐州贾汪区青山泉水泥厂 M1 汉墓
出土/征集时间	1987 年出土
原石尺寸	100×76×36
质地	石灰岩
原石情况	原石呈长方形，基本完整。
组合关系	后室东壁前侧
画面简述	此图为浅浮雕。画面右端一着袍者持短杖而立，面前一人身形较小，手举于面前，右向而跪，身后置散开的"U"形及"T"形钳铁（一说枷锁）；其上有二左向飞鸟补白。画面上、下、右三边有框，其中上、右边为四层框，框间由外至内分别填刻连弧纹、涡形纹、双层菱形纹，下边为双层框，框间填刻三角形纹。
著录与文献	邱永生：《徐州青山泉水泥二厂一、二号汉墓发掘简报》，《中原文物》1992 年第 1 期，第 92 页，图 6；徐毅英主编：《徐州汉画像石》，北京：中国世界语出版社，1995 年，第 54-55 页，图 63、64；武利华主编：《徐州汉画像石》，北京：线装书局，2004 年，第 130 页，图 130；武利华：《徐州汉画像石通论》，北京：文化艺术出版社，2017 年，第 132 页。
收藏单位	徐州汉画像石艺术馆

JS-XZ-011-06局部

JS-XZ-011-06局部

JS-XZ-011-06局部

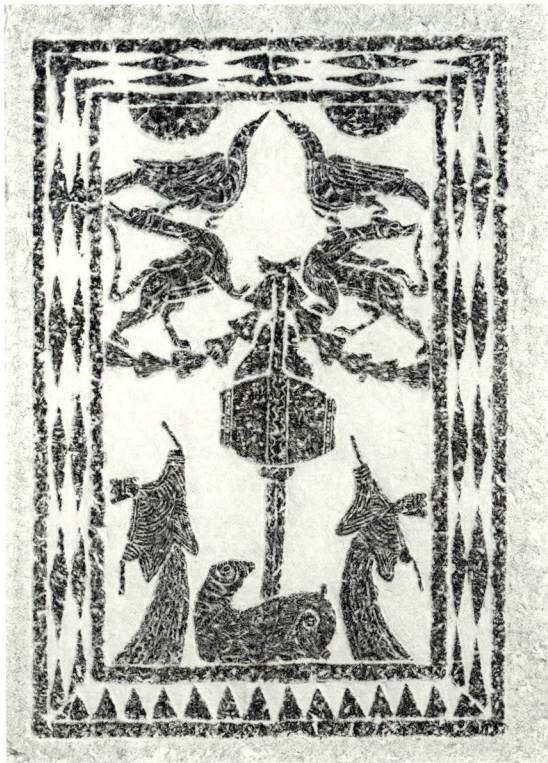

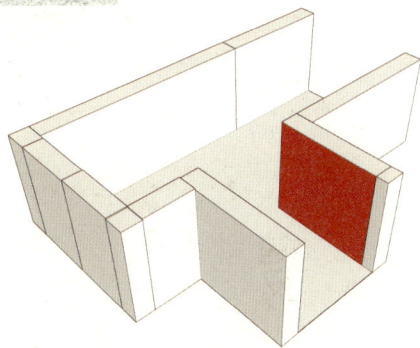

编号	JS-XZ-012-01
时代	东汉
出土/征集地	徐州贾汪区青山泉水泥厂 M2 汉墓
出土/征集时间	1987年出土
原石尺寸	97×92×17
质地	石灰岩
原石情况	原石呈长方形，基本完整。
组合关系	甬道北壁
画面简述	此图为浅浮雕。画面上端二鸟昂首对立，其上各有一半圆形图案补白；下有二犬（？）相对而立，各自回首；再下为建鼓舞场景，建鼓下有卧羊鼓座，立柱中有纵向凹槽及波形纹装饰，上有羽葆；建鼓左右各一人，着及地长袍，双手各执鼓桴，抬一手仰身击鼓。画面四周有双层边框，其中上、左、右三边框间填刻双层菱形纹，下边框间填刻三角形纹。
著录与文献	邱永生：《徐州青山泉水泥二厂一、二号汉墓发掘简报》，《中原文物》1992年第1期，第95页，图13；《中国音乐文物大系》总编辑部：《中国音乐文物大系·上海卷　江苏卷》，郑州：大象出版社，1996年，第283页，图2·3·4；武利华主编：《徐州汉画像石》，北京：线装书局，2004年，第88页，图88；邵振奇：《徐州地区汉乐舞百戏画像石考略》，《中华戏曲》2009年第2期，第70页，图1；孙鹏、门丽：《徐州汉画像石中建鼓舞与长袖舞研究》，《中国民族博览》2016年第12期，第176页，图1；武利华：《徐州汉画像石通论》，北京：文化艺术出版社，2017年，第132页。
收藏单位	徐州汉画像石艺术馆

JS-XZ-012-01 局部

JS-XZ-012-01 局部

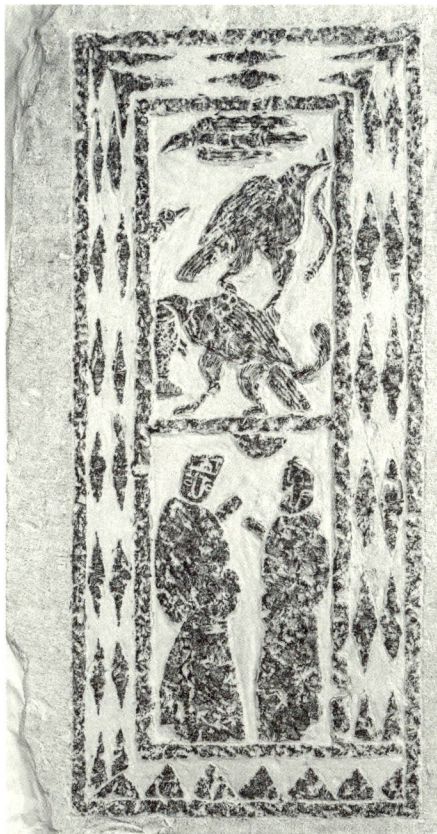

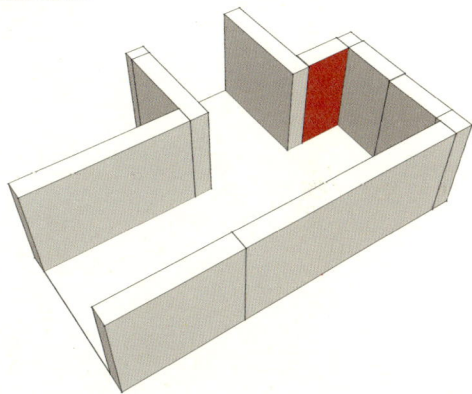

编号	JS-XZ-012-02
时代	东汉
出土/征集地	徐州贾汪区青山泉水泥厂 M2 汉墓
出土/征集时间	1987年出土
原石尺寸	96×46×21
质地	石灰岩
原石情况	原石呈长方形，基本完整。
组合关系	墓室东壁南侧
画面简述	此图为浅浮雕。画面分上下两格。上格上端一鸟左飞，其下一鸟，口衔一蛇（或鳗）右向而立，再下一鸟口衔一鱼左向而立，左边框一鸟首探入。下格二人，皆戴冠着及地袍服，持笏相对而立，画面上缘有半圆形补白。画面四周有双层边框，其中上、左、右三边框间填刻双层菱形纹，下边框间填刻三角形纹。
著录与文献	邱永生：《徐州青山泉水泥二厂一、二号汉墓发掘简报》，《中原文物》1992年第1期，第95页，图12；中国画像石全集编辑委员会编：《中国画像石全集·4·江苏、安徽、浙江汉画像石》，济南：山东美术出版社，郑州：河南美术出版社，2000年，第61页，图86；武利华：《徐州汉画像石通论》，北京：文化艺术出版社，2017年，第132页。
收藏单位	徐州汉画像石艺术馆

JS-XZ-012-02局部

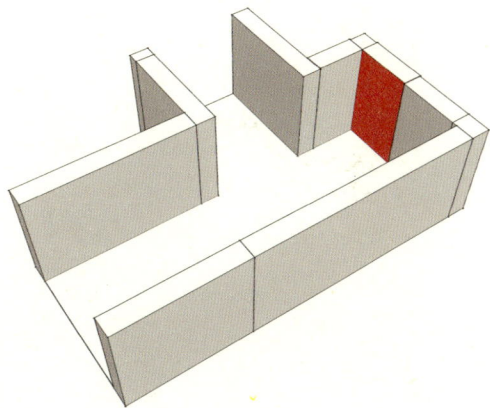

编号	JS-XZ-012-03
时代	东汉
出土/征集地	徐州贾汪区青山泉水泥厂 M2 汉墓
出土/征集时间	1987 年出土
原石尺寸	96×56.5×23
质地	石灰岩
原石情况	原石呈长方形，基本完整。
组合关系	墓室南壁东侧
画面简述	此图为浅浮雕。画面中央为六条龙，或跨步作奔走状，或反身回首；上端一龙首（？），自框间探入。画面四周有双层框，上、左、右三边框间填刻连弧纹，下边框间填刻三角形纹。
著录与文献	邱永生：《徐州青山泉水泥二厂一、二号汉墓发掘简报》，《中原文物》1992 年第 1 期，第 96 页，图 16；武利华：《徐州汉画像石通论》，北京：文化艺术出版社，2017 年，第 132 页。
收藏单位	徐州汉画像石艺术馆

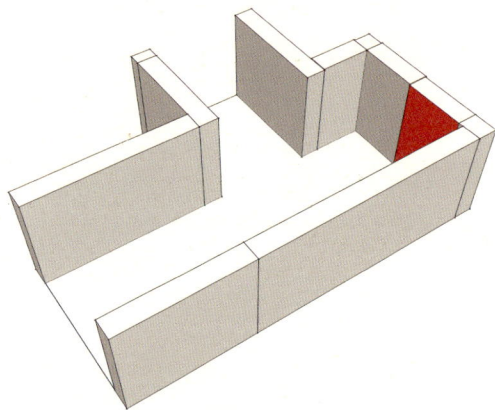

编号	JS-XZ-012-04
时代	东汉
出土/征集地	徐州贾汪区青山泉水泥厂 M2 汉墓
出土/征集时间	1987年出土
原石尺寸	101×58×23
质地	石灰岩
原石情况	原石呈长方形，基本完整。
组合关系	墓室南壁西侧
画面简述	此图为浅浮雕。画面上端一鱼，下有二犬(?)，交尾倒立；再下另二犬(?)，相对而立，各自回首；下端一虎(?)，张口露齿，长尾后扬，一后足踏于一半圆形物之上。画面四周有双层边框，其中上、左、右三边框间填刻连弧纹，下边框间填刻三角形纹。
著录与文献	邱永生：《徐州青山泉水泥二厂一、二号汉墓发掘简报》，《中原文物》1992年第1期，第96页，图15；徐毅英主编：《徐州汉画像石》，北京：中国世界语出版社，1995年，第80页，图104；中国画像石全集编辑委员会编：《中国画像石全集·4·江苏、安徽、浙江汉画像石》，济南：山东美术出版社，郑州：河南美术出版社，2000年，第54页，图76；武利华：《徐州汉画像石通论》，北京：文化艺术出版社，2017年，第132页。
收藏单位	徐州汉画像石艺术馆

编号	JS-XZ-012-05
时代	东汉
出土/征集地	徐州贾汪区青山泉水泥厂 M2 汉墓
出土/征集时间	1987年出土
原石尺寸	100×212×20
质地	石灰岩
原石情况	原石呈长方形，基本完整。
组合关系	墓室北壁

画面简述　此图为浅浮雕。画面左端一人，戴冠着广袖及地袍，持笏左向躬立；面前有一人右向站立，身形略小；再右一辆一马施维（藩）辂车，车轮八辐，仅可见车上乘者（?）之冠；上部可见三鸟一兽及一鸟首补白。画面中央一座四坡顶厅堂式建筑，正脊中央可见三角形凸起；正脊与垂脊末端皆起翘，两垂脊上各有一兽；屋面瓦垄清晰，下有双层波形纹表示檐口；檐下左右置双柱，柱身中间有纵向凹槽，及波形纹装饰；柱顶有栌斗及一斗二升栾栱承檐，柱下有阶梯状柱础；檐下中央设垂幔，再下为（夫妇）二人对坐于榻上，其中居左者似女性，左衽，居右者似男性，手托一小孩呈予对面女性，女性伸手相接；二人榻下中央可见一兽首及双臂撑于榻下；右侧立柱外侧另有一侍者面左而立。画面右端为一大树，枝繁叶茂，枝叶周边可见若干鸟兽穿插其间，树左一人，面右而立；树右一马，面左而立，面前线刻一料斗（或篮）。画面四周有框，其中上、左、右三边为三层框，框间由外至内填刻连弧纹及双层菱形纹，下边为双层框，框间填刻三角形纹。

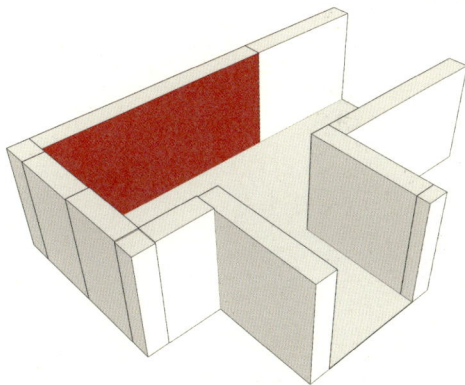

著录与文献　邱永生：《徐州青山泉水泥二厂一、二号汉墓发掘简报》，《中原文物》1992年第1期，第95页，图14；徐畅：《弼马温、马上封侯与射爵——汉画像中的细节内涵》，《中国国家博物馆馆刊》2017年第10期，第76页，图17；武利华：《徐州汉画像石通论》，北京：文化艺术出版社，2017年，第132页。

收藏单位　徐州汉画像石艺术馆

JS-XZ-012-04局部

JS-XZ-012-04 局部

JS-XZ-012-05局部（与原石等大）

JS-XZ-012-05局部（与原石等大）

JS-XZ-012-05局部（与原石等大）

JS-XZ-012-05局部（与原石等大）

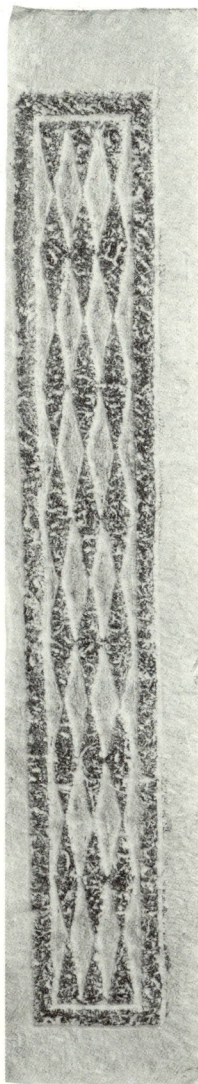

编号	JS-XZ-013-01
时代	东汉
出土/征集地	邳州车夫山 M2
出土/征集时间	1999 年出土
原石尺寸	121×34×55
质地	石灰岩
原石情况	原石呈长方形，基本完整。
组合关系	前室北壁西侧
画面简述	此图为浅浮雕。画面刻花纹带，从左至右为三道纵向菱形纹。画面四周有框。
著录与文献	郝利荣:《邳州车夫山汉画像石墓初步研究》,《东南文化》2006年第2期，第28页。
收藏单位	徐州汉画像石艺术馆

编号	JS-XZ-013-02
时代	东汉
出土/征集地	邳州车夫山 M2
出土/征集时间	1999 年出土
原石尺寸	123×108×20
质地	石灰岩
原石情况	原石呈长方形，基本完整。
组合关系	前室北壁东侧
画面简述	此图为浅浮雕。画面分三格。上格最左端有一鸟收翅朝右，回首向左，不见尾和足。其右为一鸟朝左而立，回首向右，头生羽冠，右翅抬起，左翅下垂，长尾翘起。最右端为一鸟朝左收翅而立，头生羽冠，长尾翘起。中格从左至右有三鸟，皆头生羽冠，朝左收翅而立。左端鸟为短尾，其右二鸟长尾翘起。下格左端为一人朝右拱手躬身而立，呈迎迓状，头戴圆形网纹武弁（?），身着及地长袍，腰间系半幅围裙（?）状物，长袍下半身饰波浪纹。右为一马拉一辁车，马首饰一缨，右前蹄高高抬起。辁车无窗，车轮八辐。马右上方有一飞鸟。画面四周有双框，框内上为连弧纹，左、右、下为双层菱形纹。
著录与文献	郝利荣：《邳州车夫山汉画像石墓初步研究》，《东南文化》2006 年第 2 期，第 27 页，图 4。
收藏单位	徐州汉画像石艺术馆

JS-XZ-013-02局部

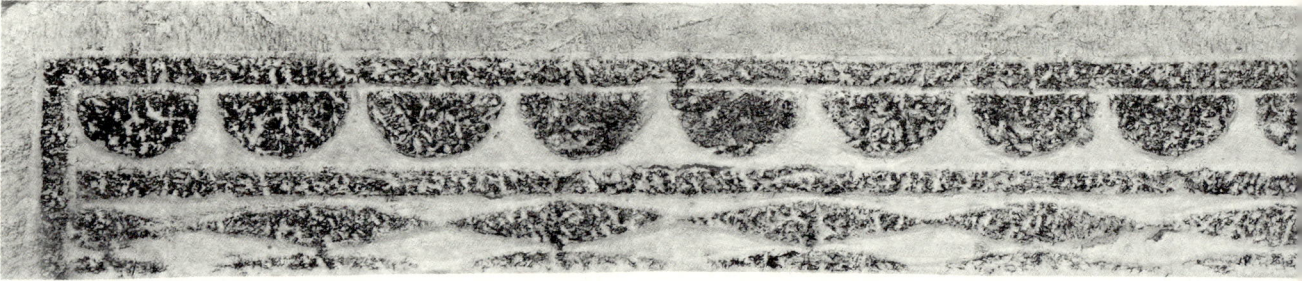

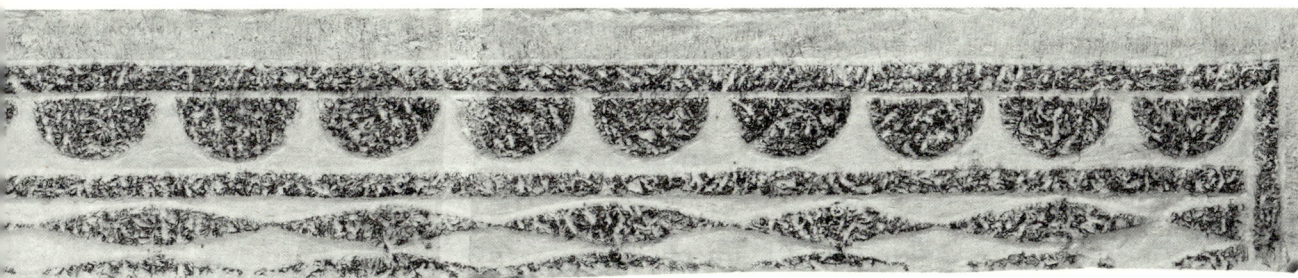

编号	JS-XZ-013-03
时代	东汉
出土/征集地	邳州车夫山 M2
出土/征集时间	1999 年出土
原石尺寸	35×235×20
质地	石灰岩
原石情况	原石呈长方形，基本完整。
组合关系	前室北壁基石
画面简述	此图为浅浮雕。画面刻花纹带，分上下两格，上格为连弧纹，下格为双层菱形纹。画面上、左、右有框。
著录与文献	郝利荣：《邳州车夫山汉画像石墓初步研究》，《东南文化》2006年第2期，第30页。
收藏单位	徐州汉画像石艺术馆

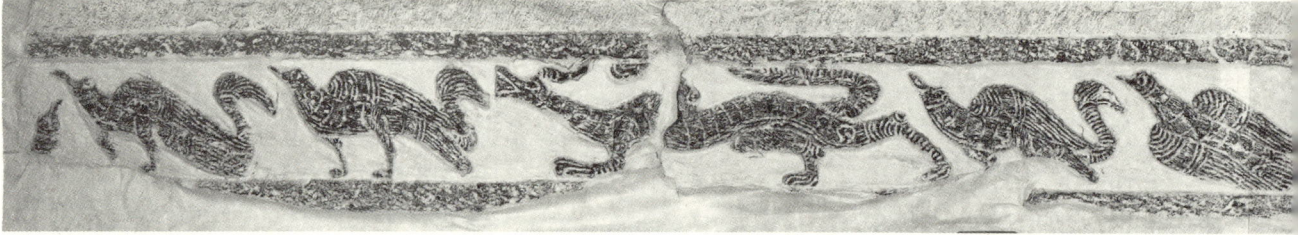

编号	JS-XZ-013-04
时代	东汉
出土/征集地	邳州车夫山 M2
出土/征集时间	1999 年出土
原石尺寸	29×253×50
质地	石灰岩
原石情况	原石呈长方形，断为左右两块。
组合关系	前室东壁横额
画面简述	此图为浅浮雕。画面刻鸟兽行列，皆朝左。左起有二鸟收翅而立，长尾翘起，前鸟面前下方可见一鸟首。第三为一龙（？），头生一角，口张开，长尾扬起。第四至第十一为鸟，除第五为飞鸟外，余皆收翅而立。除第五、第十一为短尾外，余皆长尾翘起。画面四周有框。
著录与文献	郝利荣：《邳州车夫山汉画像石墓初步研究》，《东南文化》2006 年第 2 期，第 28 页。
收藏单位	徐州汉画像石艺术馆

编号	JS-XZ-013-05
时代	东汉
出土/征集地	邳州车夫山 M2
出土/征集时间	1999 年出土
原石尺寸	88×83×24
质地	石灰岩
原石情况	原石呈长方形，左上角略残。
组合关系	前室东壁北侧
画面简述	此图为浅浮雕。画面分上下两格。上格左端刻一鸟朝右收翅而立，头生羽冠，长尾翘起，其身侧边伸出一鸟首。中部为一鸟朝右收翅而立，回首向左，头生羽冠，长尾翘起。右端为一兽，头生角，肩生翼，足亦生翼，长尾扬起，张口咬住其左的鸟尾。下格刻人物行列，从左至右有五人朝右而立，皆拱手躬身，手持笏，戴进贤冠，身着及地长袍，腰间系半幅围裙（？）状物，长袍下半身饰波浪纹。画面四周有双框，框内上为连弧纹，左、右、下为菱形纹。
著录与文献	郝利荣：《邳州车夫山汉画像石墓初步研究》，《东南文化》2006 年第 2 期，第 28 页。
收藏单位	徐州汉画像石艺术馆

JS-XZ-013-05 局部

JS-XZ-013-05 局部

编号	JS-XZ-013-06
时代	东汉
出土/征集地	邳州车夫山 M2
出土/征集时间	1999年出土
原石尺寸	86×81×27
质地	石灰岩
原石情况	原石呈方形，基本完整。
组合关系	前室东壁南侧
画面简述	此图为浅浮雕。画面分上下两格。上格从左至右刻三鸟收翅而立，皆头生羽冠，长尾翘起。最左端有一朝右的半身之鸟。下格为人物行列，从左至右有五人朝左而立，皆拱手躬身，手持笏，戴进贤冠，身着长袍，腰间系半幅围裙（？），长袍下半身饰波浪纹。前四人之间上边框各有弧形垂幔。画面四周有双框，框内上为连弧纹，左、右、下为菱形纹。
著录与文献	郝利荣:《邳州车夫山汉画像石墓初步研究》,《东南文化》2006年第2期，第28页。
收藏单位	徐州汉画像石艺术馆

JS-XZ-013-06局部

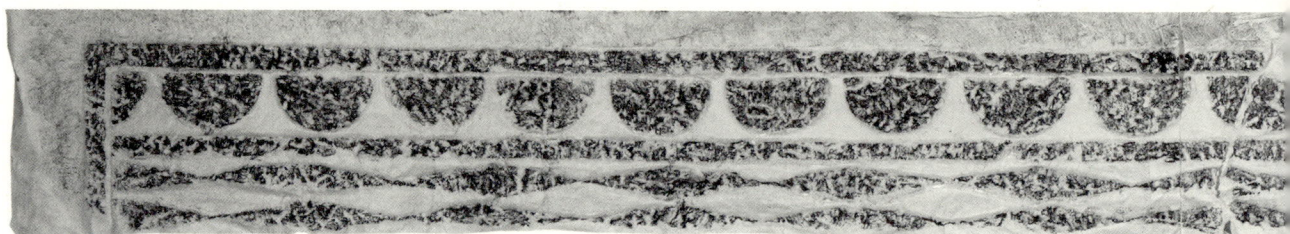

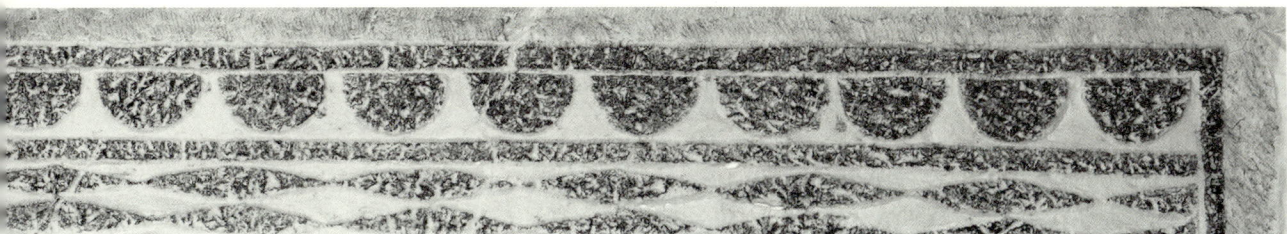

编号	JS-XZ-013-07
时代	东汉
出土/征集地	邳州车夫山 M2
出土/征集时间	1999年出土
原石尺寸	35×253×20
质地	石灰岩
原石情况	原石呈长方形，断为左右两块。
组合关系	前室东壁基石
画面简述	此图为浅浮雕。画面刻花纹带，分上下两格，上格为连弧纹，下格为双层菱形纹。画面上、左、右有框。
著录与文献	郝利荣：《邳州车夫山汉画像石墓初步研究》，《东南文化》2006年第2期，第30页。
收藏单位	徐州汉画像石艺术馆

编号	JS-XZ-013-08
时代	东汉
出土/征集地	邳州车夫山 M2
出土/征集时间	1999 年出土
原石尺寸	88 × 122 × 23
质地	石灰岩
原石情况	原石呈长方形，左上角有凹口。
组合关系	东耳室北壁
画面简述	此图为浅浮雕。画面分上下两格。上格从左至右刻四鸟，皆头生羽冠。左侧二鸟收翅而立，短尾。第三只鸟朝左而立，回首向右，右翅抬起，左翅下垂，长尾翘起。最右端的鸟收翅而立，长尾翘起。最左端有一朝右的鸟首。下格从左至右刻四鸟，皆头生羽冠。第一只鸟朝右而立，仅见上半身，一足抬起，搭在第二只鸟颈部。第二只鸟朝左收翅而立，短尾。其右上方有一飞鸟。第三只鸟朝左收翅而立，长尾翘起。其右上方有一鸟。第四只鸟朝左收翅而立，短尾。其右上方有一飞鸟。画面四周有双框，框内上为连弧纹，左、右、下为双层菱形纹。
著录与文献	郝利荣：《邳州车夫山汉画像石墓初步研究》，《东南文化》2006 年第 2 期，第 29 页。
收藏单位	徐州汉画像石艺术馆

编号	JS-XZ-013-09
时代	东汉
出土/征集地	邳州车夫山 M2
出土/征集时间	1999 年出土
原石尺寸	35 × 122 × 20
质地	石灰岩
原石情况	原石呈长方形，基本完整。
组合关系	东耳室北壁基石
画面简述	此图为浅浮雕。画面刻花纹带，分上下两格，上格为连弧纹，下格为菱形纹。画面四周有框。
著录与文献	郝利荣：《邳州车夫山汉画像石墓初步研究》，《东南文化》2006 年第 2 期，第 30 页。
收藏单位	徐州汉画像石艺术馆

编号	JS-XZ-013-10
时代	东汉
出土/征集地	邳州车夫山 M2
出土/征集时间	1999 年出土
原石尺寸	86×96×13
质地	石灰岩
原石情况	原石呈方形，右下角残。
组合关系	东耳室东壁
画面简述	此图为浅浮雕。画面分上下两格。上格从左至右刻四鸟，皆头生羽冠。第一只鸟朝右蹲伏，仅见上半身。其余三只鸟皆朝左收翅而立，长尾翘起。下格刻人物行列，从左至右有六人，第一人朝右（迎迓？），余者皆朝左。六人皆拱手躬身，手持笏，戴进贤冠，身着及地长袍，腰间系半幅围裙（？）状物，长袍下半身饰波浪纹。画面四周有双框，框内上为连弧纹，左、右、下为菱形纹。画面右下角残。
著录与文献	郝利荣：《邳州车夫山汉画像石墓初步研究》，《东南文化》2006 年第 2 期，第 28 页，图 6。
收藏单位	徐州汉画像石艺术馆

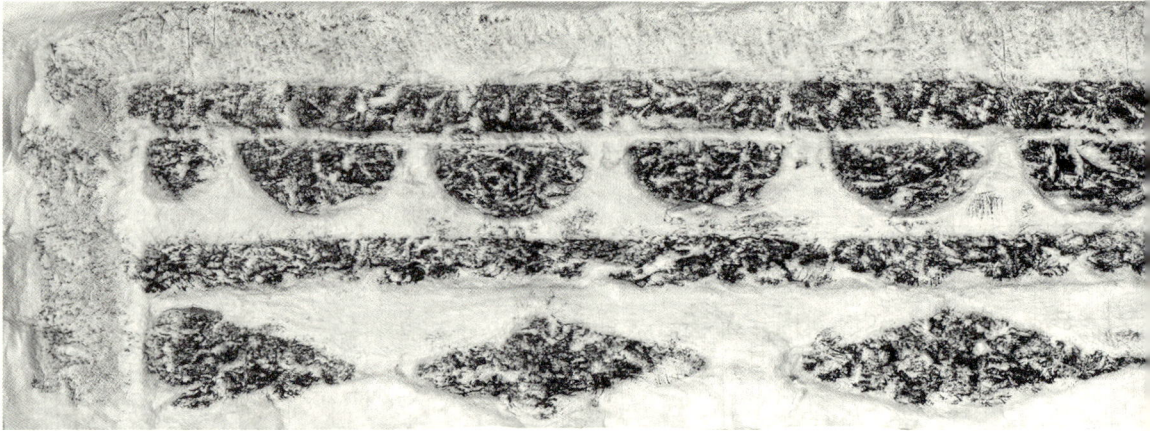

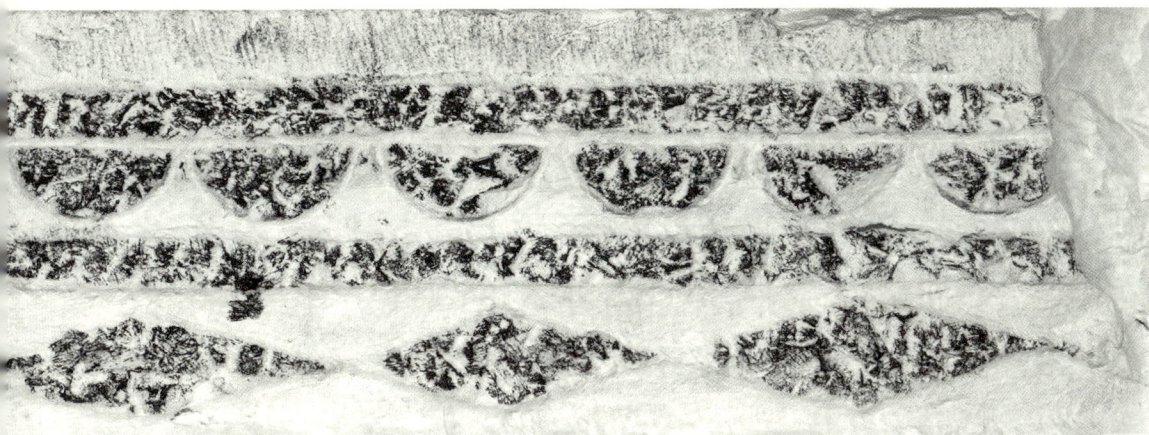

编号	JS-XZ-013-11
时代	东汉
出土/征集地	邳州车夫山 M2
出土/征集时间	1999年出土
原石尺寸	35×96×20
质地	石灰岩
原石情况	原石呈长方形，右端残。
组合关系	东耳室东壁基石
画面简述	此图为浅浮雕。画面刻花纹带，分上下两格，上格为连弧纹，下格为菱形纹。画面上、下有框。
著录与文献	郝利荣：《邳州车夫山汉画像石墓初步研究》，《东南文化》2006年第2期，第30页。
收藏单位	徐州汉画像石艺术馆

编号	JS-XZ-013-12
时代	东汉
出土/征集地	邳州车夫山 M2
出土/征集时间	1999年出土
原石尺寸	87×112×19
质地	石灰岩
原石情况	原石呈长方形，断为左右两块。
组合关系	东耳室南壁
画面简述	此图为浅浮雕。画面分上下两格。上格从左至右刻三鸟，皆头生羽冠。第一只鸟朝左而立，回首向右，右翅抬起，左翅下垂，长尾翘起，右足扭向右方，其左侧有一鸟首。第二只鸟朝右展翅而立，俯身向下，其上方、下方各有一鸟。第三只鸟朝左收翅而立，长尾翘起。下格从左至右刻三鸟，皆头生羽冠，朝右收翅而立，长尾翘起。最右端似为一刻错且不完整的鸟（？）。画面四周有双框，框内上为连弧纹，左、右、下为双层菱形纹。
著录与文献	郝利荣：《邳州车夫山汉画像石墓初步研究》，《东南文化》2006年第2期，第29页，图7。
收藏单位	徐州汉画像石艺术馆

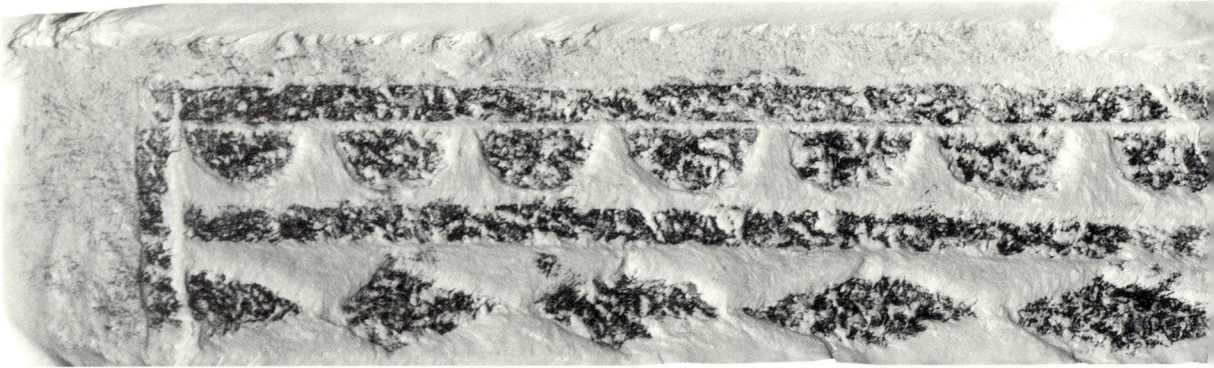

编号	JS-XZ-013-13
时代	东汉
出土/征集地	邳州车夫山 M2
出土/征集时间	1999 年出土
原石尺寸	35×112×20
质地	石灰岩
原石情况	原石呈长方形，右下角略残。
组合关系	东耳室南壁基石
画面简述	此图为浅浮雕。画面刻花纹带，分上下两格，上格为连弧纹，下格为菱形纹。画面四周有框。画面右下角残。
著录与文献	郝利荣：《邳州车夫山汉画像石墓初步研究》，《东南文化》2006年第2期，第30页。
收藏单位	徐州汉画像石艺术馆

编号	JS-XZ-013-14（1）
时代	东汉
出土/征集地	邳州车夫山 M2
出土/征集时间	1999年出土
原石尺寸	123×121×23
质地	石灰岩
原石情况	原石呈长方形，基本完整。
组合关系	前室南壁东侧
画面简述	画面分上下两格，上格以透雕技法刻一墓窗，菱形窗棂。下格以线刻技法刻一四坡顶厅堂式建筑，其正脊与垂脊末端皆上翘，垂脊大幅度长于檐口；左右各一猿猴沿垂脊攀缘而上；檐下双柱支撑建筑，柱上可见双层替木（栌斗），柱下左右两侧各有三级台阶。屋内有二人拱手对坐于榻上，皆身着长袍，居左者梳高髻，居右者戴进贤冠（?）。二人之间有一樽（?），榻下缘呈花牙状。两柱外台阶下各有一人拱手躬身站立，居左者梳髻，居右者戴帻（?），手持便面（?）。下格画面左、右、下有框，屋檐突出于框外。整个画面右侧以高浮雕刻一方槏柱，柱下高浮雕一卧羊柱础，柱面以线刻雕双框，框内为三层菱形纹。
著录与文献	郝利荣：《邳州车夫山汉画像石墓初步研究》，《东南文化》2006年第2期，第28页。
收藏单位	徐州汉画像石艺术馆

编号	JS-XZ-013-14(2)
时代	东汉
出土/征集地	邳州车夫山 M2
出土/征集时间	1999 年出土
原石尺寸	
质地	石灰岩
原石情况	原石呈长方形，右侧残。
组合关系	后室北壁东侧
画面简述	画面分上下两格，上格以透雕技法刻一墓窗，菱形窗棂。下格以浅浮雕刻二凤鸟，皆头生羽冠，相对而立，各举一足相抵，颈部交缠。画面上、下、左有双框，上、下框内为双层菱形纹，左框内为三层菱形纹。上下两格之间以一连弧纹花纹带分隔。花纹皆为浅浮雕。
著录与文献	
收藏单位	徐州汉画像石艺术馆

编号	JS-XZ-013-15
时代	东汉
出土/征集地	邳州车夫山 M2
出土/征集时间	1999 年出土
原石尺寸	116×30×21
质地	石灰岩
原石情况	原石呈长方形，基本完整。
组合关系	前室南壁西侧
画面简述	此图为浅浮雕。画面分上下两格。上格从上至下刻三鸟，最上为一飞鸟，其下为二鸟，二鸟皆头生羽冠，收翅而立，居上者头向左，足向右，居下者头向右，足向左。下格刻一人拱手躬身而立，戴进贤冠，身着及地长袍，腰间系半幅围裙（？）状物，长袍下半身饰波浪纹。其右上角有一鸟首。画面四周有框。
著录与文献	郝利荣：《邳州车夫山汉画像石墓初步研究》，《东南文化》2006 年第 2 期，第 28 页。
收藏单位	徐州汉画像石艺术馆

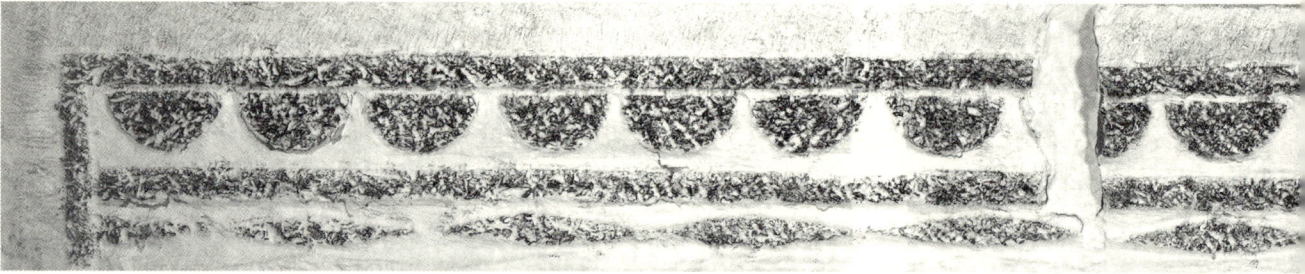

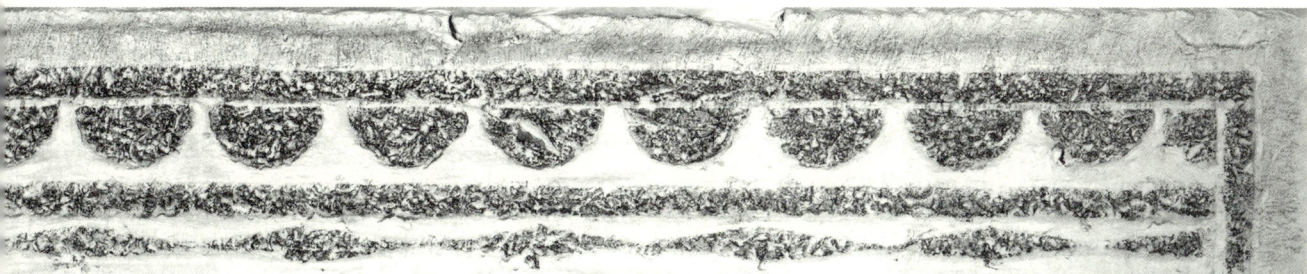

编号	JS-XZ-013-16
时代	东汉
出土/征集地	邳州车夫山 M2
出土/征集时间	1999 年出土
原石尺寸	35×310×35
质地	石灰岩
原石情况	原石呈长方形，断为左右两块。
组合关系	前室南壁基石
画面简述	此图为浅浮雕。画面刻花纹带，分上下两格，上格为连弧纹，下格为双层菱形纹。画面上、左、右有框。
著录与文献	郝利荣：《邳州车夫山汉画像石墓初步研究》，《东南文化》2006 年第 2 期，第 30 页。
收藏单位	徐州汉画像石艺术馆

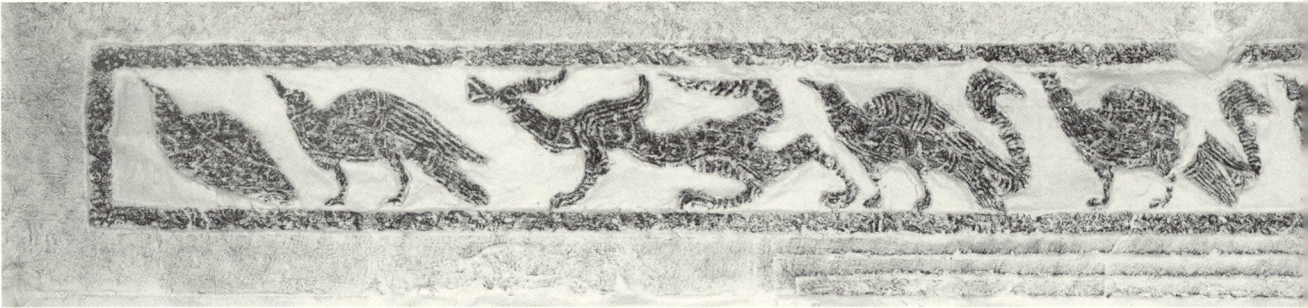

编号	JS-XZ-013-17
时代	东汉
出土/征集地	邳州车夫山 M2
出土/征集时间	1999 年出土
原石尺寸	32×259×50
质地	石灰岩
原石情况	原石呈长方形，断为左右两块。
组合关系	前室西壁横额
画面简述	此图为浅浮雕。画面刻鸟兽行列，皆朝左而立。从左至右，最左端为一鸟，无尾无足，第二为一短尾鸟。第三为一龙（？），头生角，口张开，肩生翼，长尾扬起。第四至第十一皆为鸟，除第十为短尾外，余皆长尾。鸟皆收翅。画面四周有框。
著录与文献	郝利荣：《邳州车夫山汉画像石墓初步研究》，《东南文化》2006 年第 2 期，第 27 页，图 3。
收藏单位	徐州汉画像石艺术馆

编号	JS-XZ-013-18
时代	东汉
出土/征集地	邳州车夫山 M2
出土/征集时间	1999年出土
原石尺寸	91×80×23
质地	石灰岩
原石情况	原石呈长方形，基本完整。
组合关系	前室西壁南侧
画面简述	此图为浅浮雕。画面分上下两格。上格左为一兽，头生一角，肩股生翼，回首张口自啮其后足翼，身后有长尾羽上扬。其左上方有一鸟首；右上方有一半身兽，头生一角，张口咬住其足翼，一足抵住其腹部；右下方有一兽咬住其足翼。右为一鸟首（？）兽，头生一角，肩股生翼，张口咬住自己的长尾羽。下格为人物行列，有四人朝右而立，皆拱手躬身，手持笏，戴进贤冠，身着及地长袍，腰间系半幅围裙（？）状物，长袍下半身饰波浪纹。每两人之间上边框各有弧形垂幔。画面四周有双框，框内上为连弧纹，左、右、下为菱形纹。
著录与文献	郝利荣:《邳州车夫山汉画像石墓初步研究》,《东南文化》2006年第2期，第28页。
收藏单位	徐州汉画像石艺术馆

JS-XZ-013-18局部

编号	JS-XZ-013-19
时代	东汉
出土/征集地	邳州车夫山 M2
出土/征集时间	1999年出土
原石尺寸	91×83×23
质地	石灰岩
原石情况	原石呈方形，右下角略残。
组合关系	前室西壁北侧
画面简述	此图为浅浮雕。画面分上下两格。上格左右两端各有一凤鸟相对收翅而立，头生羽冠，长尾。二鸟之间有一羽人踞坐，伸手握住二鸟之喙。羽人右下方有一鸟的半身，昂首收翅。下格为人物行列，有五人朝左而立，皆拱手躬身，戴进贤冠，身着及地长袍，腰间系半幅围裙（?）状物，长袍下半身饰波浪纹。五人身后上边框各有弧形垂幔。画面四周有双框，框内上为连弧纹，左、右、下为菱形纹。
著录与文献	郝利荣:《邳州车夫山汉画像石墓初步研究》,《东南文化》2006年第2期，第27页，图2；尹艳:《苏北鲁南地区东汉羽人图像类型研究——以徐州收藏为例》，硕士学位论文，华东师范大学，2014年，第79页，图4-4-1；万晓倩:《江苏出土东汉—南朝羽人图像研究》，硕士学位论文，南京大学，2017年，第10页，图3-2。
收藏单位	徐州汉画像石艺术馆

JS-XZ-013-19局部（与原石等大）

编号	JS-XZ-013-20
时代	东汉
出土/征集地	邳州车夫山 M2
出土/征集时间	1999年出土
原石尺寸	35×260×20
质地	石灰岩
原石情况	原石呈长方形，基本完整。
组合关系	前室西壁基石
画面简述	此图为浅浮雕。画面刻花纹带，分上下两格，上为连弧纹，下为双层菱形纹。画面上、左、右有框。
著录与文献	郝利荣：《邳州车夫山汉画像石墓初步研究》，《东南文化》2006年第2期，第30页。
收藏单位	徐州汉画像石艺术馆

编号	JS-XZ-013-21
时代	东汉
出土/征集地	邳州车夫山 M2
出土/征集时间	1999年出土
原石尺寸	85×160×24
质地	石灰岩
原石情况	原石呈长方形，左上角有凹口。
组合关系	西耳室南壁
画面简述	此图为浅浮雕。画面分上下两格。上格最左端为一鸟朝左收翅而立，回首向右，头生羽冠，长尾翘起。中部为一鸟朝右收翅而立，头生羽冠，长尾翘起，左足踩在其右下方一半身鸟的背部。最右端为一兽仰首向上，口张开，足生翼，长尾羽下垂。右下角有一翼状物。下格从左至右有四鸟，左端二鸟相对，皆头生羽冠，居左者只见半身，居右者长尾翘起，二鸟喙相衔，收翅而立，抬起一足相抵。第三只鸟朝左而立，回首向右，右翅抬起，左翅下垂，长尾翘起。第四只鸟头生羽冠，朝左收翅而立，长尾翘起，其右下方有一鸟首。画面四周有双框，框内上为连弧纹，左、右、下为双层菱形纹。画面左上角、左下角残。
著录与文献	郝利荣:《邳州车夫山汉画像石墓初步研究》,《东南文化》2006年第2期，第28页，图5。
收藏单位	徐州汉画像石艺术馆

编号	JS-XZ-013-22
时代	东汉
出土/征集地	邳州车夫山 M2
出土/征集时间	1999 年出土
原石尺寸	35×160×20
质地	石灰岩
原石情况	原石呈长方形，基本完整。
组合关系	西耳室南壁基石
画面简述	此图为浅浮雕。画面刻花纹带，分上下两格，上为连弧纹，下为菱形纹。画面四周有框。
著录与文献	郝利荣：《邳州车夫山汉画像石墓初步研究》，《东南文化》2006年第2期，第30页。
收藏单位	徐州汉画像石艺术馆

编号	JS-XZ-013-23
时代	东汉
出土/征集地	邳州车夫山 M2
出土/征集时间	1999年出土
原石尺寸	85×98×20
质地	石灰岩
原石情况	原石呈方形，基本完整。
组合关系	西耳室西壁
画面简述	此图为浅浮雕。画面分上下两格。上格从左至右刻三鸟，皆头生羽冠，面左收翅而立，长尾翘起。最左端有一朝右的半身鸟，头生羽冠。下格为人物行列，从左至右有六人朝左而立，皆拱手躬身，手持笏，戴进贤冠，身着及地长袍，腰间系半幅围裙（?）状物，长袍下半身饰波浪纹。画面四周有双框，框内上为连弧纹，左、右、下为菱形纹。
著录与文献	郝利荣:《邳州车夫山汉画像石墓初步研究》,《东南文化》2006年第2期，第29页。
收藏单位	徐州汉画像石艺术馆

编号	JS-XZ-013-24
时代	东汉
出土/征集地	邳州车夫山 M2
出土/征集时间	1999 年出土
原石尺寸	35×98×20
质地	石灰岩
原石情况	原石呈长方形，基本完整。
组合关系	西耳室西壁基石
画面简述	此图为浅浮雕。画面刻花纹带，分上下两格，上为连弧纹，下为菱形纹。画面上、左、右有框。
著录与文献	郝利荣:《邳州车夫山汉画像石墓初步研究》,《东南文化》2006 年第 2 期, 第 30 页。
收藏单位	徐州汉画像石艺术馆

编号	JS-XZ-013-25
时代	东汉
出土/征集地	邳州车夫山 M2
出土/征集时间	1999年出土
原石尺寸	85×144×22
质地	石灰岩
原石情况	原石呈长方形，右上角有凹口。
组合关系	西耳室北壁
画面简述	此图为浅浮雕。画面分上下两格。上格从左至右刻四鸟，左端第一只头生羽冠，面右收翅而立，长尾翘起；第二只头生羽冠，朝右而立，回首向左，右翅收起，左翅扬起，长尾翘起；第三只头生羽冠，展翅而立，头俯低，身拱起，短尾下垂；第四只头生羽冠，朝右收翅而立，回首向左，短尾下垂。第二、第三只鸟之间下方有一鸟的颈部和翅膀。第三只鸟上方有一云纹。下格从左至右有四鸟，皆头生羽冠，面右收翅而立，长尾翘起。最右端有一朝左的鸟首探入，头生羽冠。画面四周有双框，框内上为连弧纹，左、右、下为双层菱形纹。
著录与文献	郝利荣:《邳州车夫山汉画像石墓初步研究》，《东南文化》2006年第2期，第29页。
收藏单位	徐州汉画像石艺术馆

编号	JS-XZ-013-26
时代	东汉
出土/征集地	邳州车夫山 M2
出土/征集时间	1999年出土
原石尺寸	35×120×20
质地	石灰岩
原石情况	原石呈长方形，右下角略残。
组合关系	西耳室北壁基石
画面简述	此图为浅浮雕。画面刻花纹带，分上下两格，上为连弧纹，下为菱形纹。画面上、下有框。
著录与文献	郝利荣：《邳州车夫山汉画像石墓初步研究》，《东南文化》2006年第2期，第30页。
收藏单位	徐州汉画像石艺术馆

编号	JS-XZ-013-27
时代	东汉
出土/征集地	邳州车夫山 M2
出土/征集时间	1999 年出土
原石尺寸	107×372×35
质地	石灰岩
原石情况	原石呈长方形，断为左右两块。
组合关系	后室东壁

画面简述　此图为浅浮雕。画面分上下两格。上格最左端刻一龙（?），朝右作飞腾状，头生一角，四足生翼，长尾飘扬。其右下角为一鸟，头生羽冠，朝左收翅而立。其右为四鸟，分两排朝左收翅而立，皆头生羽冠，长尾翘起，其中上排居左者生有双鸟首，左边的鸟首无羽冠。四鸟右下角有一鸟露出上半身，右有一鸟俯首咬住下排居右之鸟的长尾，展翅而立，此鸟上方有一飞鸟。再右为四鸟，分两排收翅而立，皆头生羽冠，长尾翘起。其右有一鸟与一鸟相对收翅而立，鸟头生羽冠，长尾翘起，其上方有一飞鸟。其右有一双头鸟朝右展翅而立，回首向左，足下踩着一鸟，双头鸟右上方有一飞鸟。其右有一上一下二鸟朝左收翅而立，皆长尾翘起，居下者头生羽冠，尾分三歧。其右有一龙（?），朝左而立，回首向右，头生一角，足生翼，长尾翘起，其上有一飞鸟。其右为八鸟，分两排朝左收翅而立，其中上排四鸟皆长尾翘起，左二鸟头生羽冠，第二只鸟身侧伸出一鸟首；下排第一只鸟头生羽冠，回首向右，长尾翘起，第四只鸟亦长尾翘起。下格刻人物车马行列，最左端为一人朝右拱手持笏躬身而立，呈迎迓状，身着及地长袍，其左上方有一向右的鸟首。其右为一导骑，马的右前蹄高高抬起。再右为一马拉一軿车，马右前蹄高高抬起。軿车无窗，车轮八辐。马左上方为一飞鸟，左下方为一沙漏形物（一说为上下车踩踏所用），軿车左上方有一飞鸟。车后跟随八人，皆身着及地长袍，腰间系半幅围裙（?）状物，长袍下半身饰波浪纹，躬身而立。第一、二人戴进贤冠（?），手持笏。第三人戴武弁（?），颌下有须（?），左右上翘。第四人戴进贤冠（?），手持一长棍状物（一说为吾）。后四人皆戴进贤冠（?），除第七人拱手外，其余三人皆手持笏，第七、第八人之间有一飞鸟。其右为一导骑，马的右前蹄高高抬起，骑手戴进贤冠（?）。导骑上方有一飞鸟。再右为一马拉一軿车，马右前蹄高高抬起。軿车无窗，车轮八辐。马左上方为一飞鸟，軿车左上方为一飞鸟。车后跟随九人，皆身着及地长袍，腰间系半幅围裙（?）状物，长袍下半身饰波浪纹，拱手持笏躬身而立。第三、第四人残。除第五人外，余者皆戴进贤冠（?）。第一人与第二人、第二人与第三人之间各有一飞鸟，第五人与第六人之间有一鸟翅，第六人与第七人之间有一飞鸟，第九人上方有一飞鸟。画面四周有双框，上框内为连弧纹，左、右、下框内为双层菱形纹。

著录与文献　武利华主编：《徐州汉画像石》，北京：线装书局，2004 年，第 131 页，图 131；郝利荣：《邳州车夫山汉画像石墓初步研究》，《东南文化》2006 年第 2 期，第 30 页，图 10；樊凡：《苏北地区汉画像石墓车马出行图装饰意义及相关问题研究》，硕士学位论文，西北大学，2012 年，第 28 页，图 11。

收藏单位　徐州汉画像石艺术馆

JS-XZ-013-27 局部

编号	JS-XZ-013-28
时代	东汉
出土/征集地	邳州车夫山 M2
出土/征集时间	1999年出土
原石尺寸	35×372×35
质地	石灰岩
原石情况	原石呈长方形，断为三块。
组合关系	后室东壁基石
画面简述	此图为浅浮雕。画面分上下两格，上格为连弧纹，下格为双层菱形纹。画面上、左边有框。
著录与文献	郝利荣:《邳州车夫山汉画像石墓初步研究》,《东南文化》2006年第2期，第30页。
收藏单位	徐州汉画像石艺术馆

编号	JS-XZ-013-29
时代	东汉
出土/征集地	邳州车夫山 M2
出土/征集时间	1999年出土
原石尺寸	114×162×22
质地	石灰岩
原石情况	原石呈长方形,基本完整。
组合关系	后室南壁
画面简述	此图为浅浮雕。画面分四格,左上格刻二兽相对飞腾盘旋,皆足生翼,长尾飘扬,右下角有一鸟。右上格刻四鸟分两排朝左收翅而立,皆头生羽冠,其中左上角鸟长尾翘起。此格左上角有一鸟首,左下角有一鸟朝右而立,头生羽冠。左下格刻四人朝右拱手躬身而立,皆戴进贤冠(?),身着及地长袍,腰间系半幅围裙(?)状物,长袍下半身饰波浪纹。右下格刻四人朝左拱手躬身而立,皆戴进贤冠(?),身着及地长袍,腰间系半幅围裙(?)状物,长袍下半身饰波浪纹。四格之间以横竖两道双框分隔,竖框内为三层菱形纹,横框内为双层菱形纹。画面四周有双框,上框内为连弧纹,左、右、下框内为双层菱形纹。
著录与文献	郝利荣:《邳州车夫山汉画像石墓初步研究》,《东南文化》2006年第2期,第29页,图8。
收藏单位	徐州汉画像石艺术馆

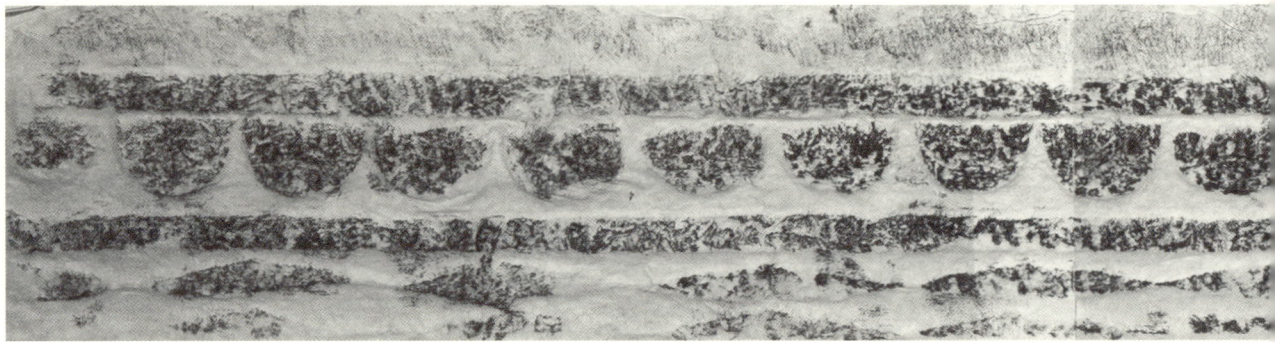

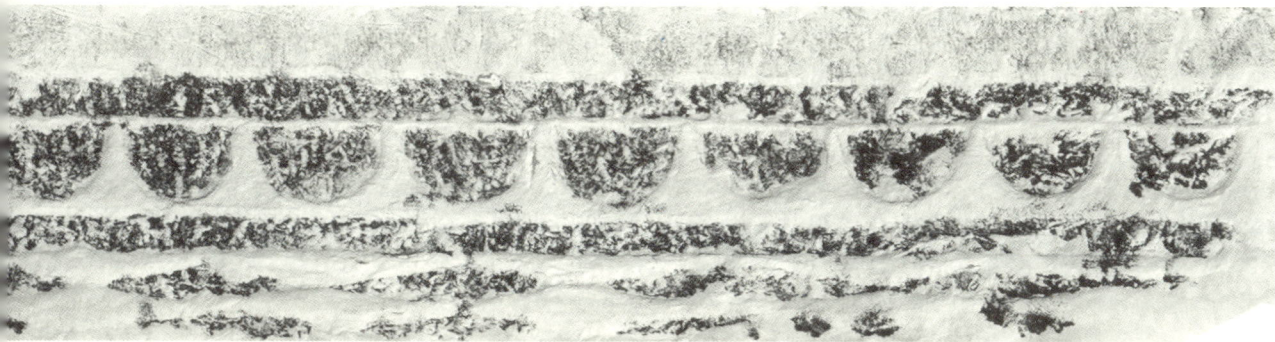

编号	JS-XZ-013-30
时代	东汉
出土/征集地	邳州车夫山 M2
出土/征集时间	1999 年出土
原石尺寸	35×162×35
质地	石灰岩
原石情况	原石呈长方形，基本完整。
组合关系	后室南壁基石
画面简述	此图为浅浮雕。画面刻花纹带，分上下两格，上格为连弧纹，下格为双层菱形纹。画面上、左、右三边有框。
著录与文献	郝利荣：《邳州车夫山汉画像石墓初步研究》，《东南文化》2006 年第 2 期，第 30 页。
收藏单位	徐州汉画像石艺术馆

编号	JS-XZ-013-31
时代	东汉
出土/征集地	邳州车夫山 M2
出土/征集时间	1999 年出土
原石尺寸	104×370×35
质地	石灰岩
原石情况	原石呈长方形，断为左右两块。
组合关系	后室西壁
画面简述	此图为浅浮雕。画面分上下两格。上格左端上方一龙，肩生羽翼，右向奔走，其右侧及下方各一鸟，皆头生羽冠，面右而立；再右为一鸟，头生羽冠，左向回首；其右一兽（龙？），肩生羽翼，长尾上扬，左向奔走，其背部上方右向立一鸟，头生羽冠，尾分三歧；其右一鸟头生羽冠，展翅而立，其上方一飞鸟；再右下方一鸟右向而立，其上一兽，肩生羽翼，张口露齿，长尾上扬，左向奔走；再右下方为一兽，肩生羽翼，长尾上扬，其尾部与右侧鸟左翅相抵，右侧鸟展翅而立，其上右向立一鸟，头生羽冠，长尾上扬，右侧一飞鸟；再右一鸟（画面残损不可辨）；再右四鸟，分两排右向而立，皆头生羽冠，长尾上扬；再右上方一鸟展翅（？），下方一鸟头生

羽冠；再右二鸟，一鸟展翅，一鸟收翅，皆头生羽冠；其上一兽，肩生羽翼，长尾上扬，右向奔走；再右四鸟，分两排右向而立，皆头生羽冠，长尾上扬；其右下方一鸟；右端一兽，张口露齿，长尾上扬，昂首，左向奔走。下格为车马出行题材，左端一鸟首自左侧框间探出；其右二人，皆戴冠着及地长袍，手持一物（?），腰间系半幅围裙（?）状物，右向而立；再右二从骑，皆戴冠着袍，右向而行；再右为一辆一马軿车，车身无窗；再右二导骑；其右可见一几（台?），一说为上下车踩踏所用，其右侧一人，头戴网状武弁，颌下有须（?），左右上翘，着及地长袍，双手捧笏，面左躬身而立，其后二人，亦进贤冠（?），着及地长袍，拱手躬身而立；其后一树，树后一骑，戴进贤冠（?），左向而行；其后为一辆一马軿车，车身无窗，车轮十辐；其后六人，皆戴进贤冠（?），着及地长袍，左向拱手躬身而立，其中，后三人皆持笏（?）；画面空白处有若干飞鸟及鸟首自框间探入补白，画面右上方饰连弧纹补白。画面四周有双层框，上边框间填刻连弧纹，左侧连弧纹间有流苏（?）装饰，左、右、下边框间填刻双层菱形纹。

著录与文献　武利华主编：《徐州汉画像石》，北京：线装书局，2004年，第132页，图132；郝利荣：《邳州车夫山汉画像石墓初步研究》，《东南文化》2006年第2期，第29页，图9；樊凡：《苏北地区汉画像石墓车马出行图装饰意义及相关问题研究》，硕士学位论文，西北大学，2012年，第26页，图9。

收藏单位　徐州汉画像石艺术馆

JS-XZ-013-31 局部

JS-XZ-013-31 局部

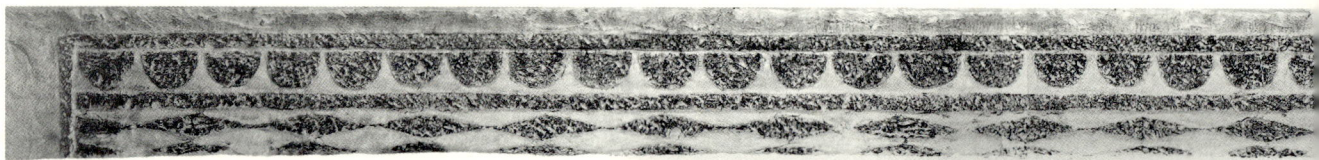

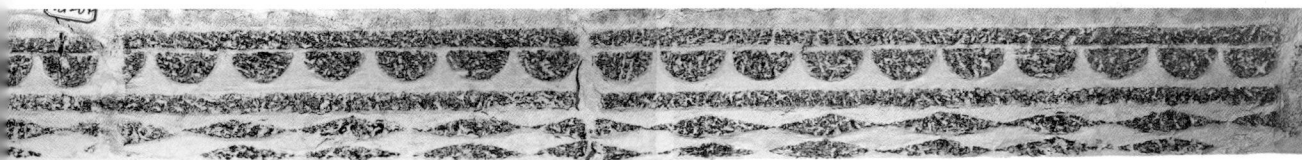

编号	JS-XZ-013-32
时代	东汉
出土/征集地	邳州车夫山 M2
出土/征集时间	1999 年出土
原石尺寸	35×370×35
质地	石灰岩
原石情况	原石呈长方形，断为三块。
组合关系	后室西壁基石
画面简述	此图为浅浮雕。画面分上下两格，上格为连弧纹，下格为双层菱形纹。画面上、左边有框。
著录与文献	郝利荣:《邳州车夫山汉画像石墓初步研究》,《东南文化》2006 年第 2 期，第 30 页。
收藏单位	徐州汉画像石艺术馆

编号	JS-XZ-014
时代	东汉
出土/征集地	铜山县安乐村出土
出土/征集时间	
原石尺寸	60×132×16
质地	石灰岩
原石情况	原石呈长方形，右侧残。
组合关系	
画面简述	此图为浅浮雕。画面分上下两格。上格左端一龙，身披条纹，张口，右向回首，身下有云气纹；其右二兽（龙？），亦身披条纹，回首，其中居左者身下及身后有云气纹补白，居右者回首自衔其尾；其右为二凤鸟回首相对，共用一尾，中间一树（柏树？），左凤鸟身后一芝草（？）；其右又一凤鸟，头生羽冠，尾分多歧，展翅面左而立。下格为车马出行主题，左端二人，双手上举，面右呈迎迓状；其右两辆一马四维轺车，其马首皆饰缨，轮皆有六辐及车軎，前有御者，后有尊者，其中，左侧轺车御者与尊者皆戴冠；两车间有二人，皆着袍持笏，其中前者面左而跪，后者戴冠，面左而立，一鸟首自顶部框内探入；画面右端残损，仅可见两马首及前蹄。画面上、下、左三边有框，上、左边有三层框，外框间填刻涡形纹，上边内框间填刻连弧纹，左侧外框间填刻菱形线纹，内框间填刻三角形纹。
著录与文献	徐毅英主编：《徐州汉画像石》，北京：中国世界语出版社，1995年，第54页，图65；中国画像石全集编辑委员会编：《中国画像石全集·4·江苏、安徽、浙江汉画像石》，济南：山东美术出版社，郑州：河南美术出版社，2000年，第52页，图72。
收藏单位	徐州汉画像石艺术馆

172

编号	JS-XZ-015
时代	东汉
出土/征集地	铜山县大泉散存
出土/征集时间	
原石尺寸	93×142×19
质地	石灰岩
原石情况	原石呈长方形，断为左右两块。
组合关系	
画面简述	此图为浅浮雕。画面主体为建筑人物题材。画面中央为一四坡顶建筑，左侧建筑画面漶漫，仅余右侧，可见正脊及垂脊末端起翘，左右各一猴（？），沿垂脊上攀，左垂脊左侧另有两鸟，皆展翅，回首右望，右垂脊右侧亦有一兽，长尾上扬，右向回首，兽首上方有连弧纹补白；建筑瓦垄清晰，檐口饰波形纹，（按现有间距和痕迹推测）檐下应共有五柱（四间），柱身似有纵向凹槽，其右端柱上部设替木（栾栱？）承檐，下有柱础；中柱下有基石，中柱右侧柱与右端柱间上方有带边框的网状结构（一说为窗），内填刻菱形纹；三柱间空白处似表现为墙体；建筑左侧二柱（？），漫漶不可见；建筑左侧一骑，面左而行；建筑右侧二人，皆戴进贤冠（？）着长袍，面左，其中居左者跪坐，右者站立。画面四周有框，上、左、右边有三层框，外框间填刻连弧纹，内框间填刻双层菱形纹，下边有双层框，框间填刻三角形纹。
著录与文献	武利华、王黎琳编:《徐州汉画象石》，南京:江苏美术出版社，1985年，图212。
收藏单位	徐州汉画像石艺术馆

编号	JS-XZ-016
时代	东汉
出土/征集地	铜山县韩楼散存
出土/征集时间	
原石尺寸	61×232×38
质地	石灰岩
原石情况	原石呈长方形，断为左右两块。
组合关系	
画面简述	此图为浅浮雕。画分三格，上格为连弧纹，弧间饰"J"形图案；中格为带有双立边的"X"形线纹；下格为二龙穿五环。画面上、下、右三边有框。
著录与文献	江苏省文物管理委员会编著：《江苏徐州汉画象石》，北京：科学出版社，1959年，图版76，图98；武利华、王黎琳编：《徐州汉画象石》，南京：江苏美术出版社，1985年，图170；周保平、贺俊彦：《汉画祥瑞龙》，《中原文物》2008年第6期，第80页，图4；马静娟、龙华：《汉画像石装饰图案释读》，《文物世界》2014年第6期，第6页，图8；顾颖：《汉画像祥瑞图式研究》，博士学位论文，苏州大学，2015年，第197页，图4-32-4。
收藏单位	徐州汉画像石艺术馆

编号	JS-XZ-017-04
时代	东汉
出土/征集地	铜山县黄山汉墓
出土/征集时间	1963年出土
原石尺寸	114×113×20
质地	石灰岩
原石情况	原石呈方形，基本完整。
组合关系	前室东壁
画面简述	此图为浅浮雕。画面为菱形穿环纹，环分三层，中部环内一虎，四足踏于环上，张口回首衔其尾。画面四周有双层框，框间填刻连弧纹。
著录与文献	江苏省文物管理委员会、南京博物院：《江苏徐州、铜山五座汉墓清理简报》，《考古》1964年第10期，第517页，图18-2；武利华、王黎琳编：《徐州汉画象石》，南京：江苏美术出版社，1985年，图121；徐毅英主编：《徐州汉画像石》，北京：中国世界语出版社，1995年，第36页，图39，第37页，图40；中国画像石全集编辑委员会编：《中国画像石全集·4·江苏、安徽、浙江汉画像石》，济南：山东美术出版社，郑州：河南美术出版社，2000年，第42页，图59；武利华主编：《徐州汉画像石》，北京：线装书局，2004年，第99页，图99；马静娟、龙华：《汉画像石装饰图案释读》，《文物世界》2014年第6期，第7页，图13；武利华：《中华图像文化史·秦汉卷下》，北京：中国摄影出版社，2016年，第710页，图13-1-12。
收藏单位	徐州汉画像石艺术馆

编号	JS-XZ-017-05
时代	东汉
出土/征集地	铜山县黄山汉墓
出土/征集时间	1963年出土
原石尺寸	127×271×20
质地	石灰岩
原石情况	原石残为三块。
组合关系	后室横额
画面简述	此图为浅浮雕。画面分上下五格。上格中部为二凤鸟，头生羽冠，尾分三歧，长喙相抵，交颈而立；凤鸟左侧一鸟，尾分三歧；再左亦为一鸟，展翅，面右而飞；凤鸟右侧一鸟，长尾上扬，口衔飘带（丝帛？），面左而立。画面中格左端一鸟首自边框探入，头生羽冠，长喙啄右侧一鱼；一兽（鸟？）自上边框探入，一足踏于鱼身之上；其右四兽，皆反身回首，中间两兽交颈，又分别与左右侧兽两两交尾，其中，中央两兽身下一鱼，左右两兽一足亦踏于鱼身之上；其右一鸟（？），立于鱼身之上；再右一鸟头生羽冠，反身回首，一足踏鱼身；再右亦有一鱼。再下三格依次为连弧纹、三角形纹及双层菱形纹。画面上方半圆形边缘有双层框，框间填刻连弧纹；下边亦有边框。
著录与文献	江苏省文物管理委员会、南京博物院：《江苏徐州、铜山五座汉墓清理简报》，《考古》1964年第10期，第518页，图19-1；武利华、王黎琳编：《徐州汉画象石》，南京：江苏美术出版社，1985年，图126；武利华主编：《徐州汉画像石》，北京：线装书局，2004年，第133页，图133；武利华：《中华图像文化史·秦汉卷下》，北京：中国摄影出版社，2016年，第723页，图13-2-8；武利华：《徐州汉画像石通论》，北京：文化艺术出版社，2017年，第313页，图10-12。
收藏单位	徐州汉画像石艺术馆

编号	JS-XZ-018
时代	东汉
出土/征集地	铜山县李楼散存
出土/征集时间	1956年出土
原石尺寸	20×139×42
质地	石灰岩
原石情况	原石呈长方形，右侧残。
组合关系	
画面简述	此图为浅浮雕。画面表现车马出行。画面左端为二导骑，马尾饰有二分歧，骑者皆肩荷棨戟；其后两辆一马四维轺车，前有御者持鞭，后有尊者。画面上、下、左三边有框。
著录与文献	江苏省文物管理委员会编著：《江苏徐州汉画象石》，北京：科学出版社，1959年，图版49，图65；武利华、王黎琳编：《徐州汉画象石》，南京：江苏美术出版社，1985年，图173。
收藏单位	徐州汉画像石艺术馆

编号	JS-XZ-019
时代	东汉
出土/征集地	铜山县李楼散存
出土/征集时间	1956年出土
原石尺寸	24×149×41
质地	石灰岩
原石情况	原石呈长方形,基本完整。
组合关系	
画面简述	此图为浅浮雕。画面表现车马出行。画面左端为二导骑,骑者皆肩荷棨戟;其后两辆一马四维轺车,前有御者持鞭,后有尊者。画面四周有框。
著录与文献	王德庆:《江苏发现的一批汉代画像石》,《文物参考资料》1958年第4期,第38页,图3;江苏省文物管理委员会编著:《江苏徐州汉画象石》,北京:科学出版社,1959年,图版49,图64;武利华、王黎琳编:《徐州汉画象石》,南京:江苏美术出版社,1985年,图172。
收藏单位	徐州汉画像石艺术馆

JS-XZ-019局部

编号	JS-XZ-020
时代	东汉
出土/征集地	铜山县茅村散存
出土/征集时间	1953 年出土
原石尺寸	25×165×34
质地	石灰岩
原石情况	原石呈长方形，基本完整。
组合关系	
画面简述	此图为浅浮雕。画面为车马出行主题。左端三人，皆着下摆分三叉的上衣，下身着横纹紧口裤，一手持便面，居左者另一手持棨戟端饰带状物；后两者肩荷一杆状物，杆头有圆形装饰（一说

为杖）；其后一导骑；再后为一辆一马轺车，马首饰缨，轮十六辐，前有御者持鞭，后尊者戴冠；再后为一骑；再后亦为一辆一马轺车，马首饰缨，前有御者，后有尊者；右端一人着袍，一手扶框，半身探入框内。画面四周有框。

著录与文献　江苏省文物管理委员会编著：《江苏徐州汉画象石》，北京：科学出版社，1959年，图版81，图107；武利华、王黎琳编：《徐州汉画象石》，南京：江苏美术出版社，1985年，图182；徐毅英主编：《徐州汉画像石》，北京：中国世界语出版社，1995年，第50-51页，图57；武利华主编：《徐州汉画像石》，北京：线装书局，2004年，第139页，图139。

收藏单位　徐州汉画像石艺术馆

JS-XZ-020局部

编号	JS-XZ-021
时代	东汉
出土/征集地	铜山县茅村散存
出土/征集时间	1953年出土
原石尺寸	25×161×44
质地	石灰岩
原石情况	原石呈长方形，左上角残。
组合关系	
画面简述	此图为浅浮雕。画面为车马出行主题，车轮皆八辐。画面左端为一辆一马轺车，马首饰缨，左前足抬起并踏一鸟首（？），面右而行，前有御者，后有尊者；其右为一（牛？）辇车，车上可见御者；再右亦为一马轺车，马首饰缨，前有御者；再右为一马四维藩（軿）车，马首饰缨，藩屏侧面饰菱形穿环纹，可见乘者所戴进贤冠（？）；右端一导骑，戴进贤冠。画面四周有框，左侧有双框。
著录与文献	江苏省文物管理委员会编著：《江苏徐州汉画象石》，北京：科学出版社，1959年，图版81，图107；王黎琳：《论徐州汉画像石》，《文物》1980年第2期，第46页，图3；武利华、王黎琳编：《徐州汉画象石》，南京：江苏美术出版社，1985年，图184；赵化成：《汉画所见汉代车名考辨》，《文物》1989年第3期，第79页；徐毅英主编：《徐州汉画像石》，北京：中国世界语出版社，1995年，第50-51页，图58；中国画像石全集编辑委员会编：《中国画像石全集·4·江苏、安徽、浙江汉画像石》，济南：山东美术出版社，郑州：河南美术出版社，2000年，第58页，图81。
收藏单位	徐州汉画像石艺术馆

编号	JS-XZ-022
时代	东汉
出土/征集地	铜山县茅村散存
出土/征集时间	1953 年出土
原石尺寸	23 × 63 × 25
质地	石灰岩
原石情况	原石呈长方形，左下角及右端皆残。
组合关系	

画面简述   此图为浅浮雕结合阴线刻。画面左端表现双阙人物，双阙均为四坡顶，阙檐下楼部（？）结构中间
　　　　　　收窄，阙身上下有收分，饰纵向波形纹，双阙间一人，着袍拱手，面右而立；阙右一人，着长袍，
　　　　　　双手捧笏，面右俯身而立；其右为二骑，皆手持一杆状物，杆头系有带状物（一说为棨戟），其中
　　　　　　左骑身后马背可见一弓（？），右骑画面残损，仅可见马首及骑者。画面上、下两边有框。

著录与文献   江苏省文物管理委员会编著：《江苏徐州汉画象石》，北京：科学出版社，1959年，图版80，图
　　　　　　106；武利华、王黎琳编：《徐州汉画象石》，南京：江苏美术出版社，1985年，图193；徐毅英
　　　　　　主编：《徐州汉画像石》，北京：中国世界语出版社，1995年，第22页，图23。

收藏单位   徐州汉画像石艺术馆

JS-XZ-022 局部

编号	JS-XZ-023
时代	东汉
出土/征集地	铜山县茅村散存
出土/征集时间	1953年出土
原石尺寸	20×114×43
质地	石灰岩
原石情况	原石呈长方形，右端残。
组合关系	
画面简述	此图为浅浮雕。画面表现车马出行主题。左端为一马藩（轓）车，前有御者持鞭；其后为一轺车，前有御者持鞭，后有尊者；再右为二从骑，背后各带一弓（一说配剑）；右端画面残损，仅可见一马首。画面上、下、左三边有框。
著录与文献	江苏省文物管理委员会编著：《江苏徐州汉画象石》，北京：科学出版社，1959年，图版81，图108；武利华、王黎琳编：《徐州汉画象石》，南京：江苏美术出版社，1985年，图183；徐毅英主编：《徐州汉画像石》，北京：中国世界语出版社，1995年，第22-23页，图25。
收藏单位	徐州汉画像石艺术馆

编号	JS-XZ-024
时代	东汉
出土/征集地	铜山县茅庄散存
出土/征集时间	
原石尺寸	103×82×13
质地	石灰岩
原石情况	原石呈长方形，左上角断裂。
组合关系	
画面简述	此图为浅浮雕。画面中间一人，戴武弁，着长袖及足袍，一手捧盾，头部弯向左侧；其左一人（？），身形较小，持一杆状物，杆头有二分枝（一说持戟）。画面四周有三层框，外框间填刻连弧纹，内框间填刻波形纹。
著录与文献	武利华、王黎琳编：《徐州汉画象石》，南京：江苏美术出版社，1985年，图180；徐毅英主编：《徐州汉画像石》，北京：中国世界语出版社，1995年，第52页，图61。
收藏单位	徐州汉画像石艺术馆

编号	JS-XZ-025
时代	东汉
出土/征集地	铜山县台上散存
出土/征集时间	
原石尺寸	46×143×25
质地	石灰岩
原石情况	原石呈长方形，基本完整。
组合关系	
画面简述	此图为浅浮雕。画面左端一兽，有须，肩生羽翼，张口，面左而行；其右二兽，皆肩生羽翼（飘带？），左向奔走。画面四周有框，上边框内饰连弧纹。
著录与文献	武利华、王黎琳编：《徐州汉画象石》，南京：江苏美术出版社，1985年，图176。
收藏单位	徐州汉画像石艺术馆

编号	JS-XZ-026(1)
时代	东汉
出土/征集地	铜山县台上散存
出土/征集时间	
原石尺寸	32×212×48
质地	石灰岩
原石情况	原石呈长方形，断为左右两块。
组合关系	

画面简述　此图为浅浮雕。画面表现车马出行主题。左端为一辆二马軿车（?），前有御者持鞭；其右为一辆二马轺车，施维，前有御者持鞭，后有尊者，戴进贤冠；再右为一马軿车，前有御者，车厢表面满饰菱形纹；再右一骑；再右为一辆二马轺车（?），画面残损，仅可见二马及御者；再右亦为一二马轺车，施维，前有御者持鞭，后有尊者；画面右端二导骑。画面下边有框。

著录与文献　武利华、王黎琳编：《徐州汉画象石》，南京：江苏美术出版社，1985年，图174、175；赵化成：《汉画所见汉代车名考辨》，《文物》1989年第3期，第79页；徐毅英主编：《徐州汉画像石》，北京：中国世界语出版社，1995年，第50-51页，图60；武利华主编：《徐州汉画像石》，北京：线装书局，2004年，第123页，图123；姚浩：《徐州汉画像石马形象刍议》，《长江文化论丛》2009年第1期，第91页。

收藏单位　徐州汉画像石艺术馆

JS-XZ-026（1）局部

编号	JS-XZ-026(2)
时代	东汉
出土/征集地	铜山县台上散存
出土/征集时间	
原石尺寸	32×212×48
质地	石灰岩
原石情况	原石呈长方形，基本完整。
组合关系	
画面简述	此图为浅浮雕。画面中间一树，树下一卧羊，羊角内弯，背部似骑一人，一手（？）握羊角。
著录与文献	
收藏单位	徐州汉画像石艺术馆

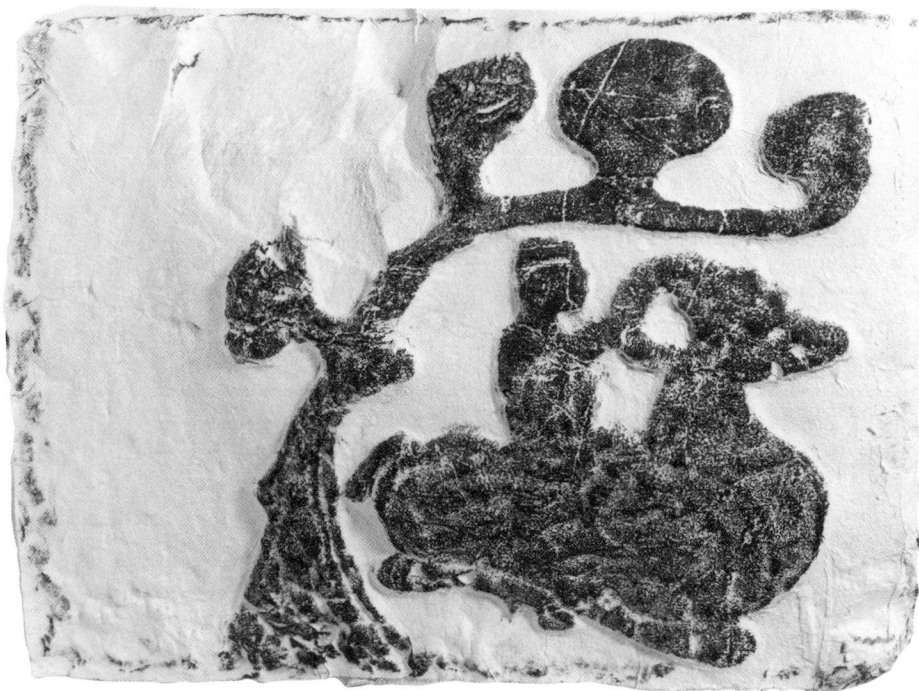

编号	JS-XZ-026(3)

时代　　　　东汉

出土/征集地　　铜山县台上散存

出土/征集时间

原石尺寸　　32×212×48

质地　　　　石灰岩

原石情况　　原石呈长方形，基本完整

组合关系

画面简述　　此图为浅浮雕。画面中间一树，树下一卧羊，羊角内弯，背部骑一人，一手（？）握羊角。

著录与文献　　武利华、王黎琳编：《徐州汉画象石》，南京：江苏美术出版社，1985年，图177。

收藏单位　　徐州汉画像石艺术馆

编号	JS-XZ-027
时代	东汉
出土/征集地	铜山县檀山集散存
出土/征集时间	1960年出土
原石尺寸	100×145×18
质地	石灰岩
原石情况	原石呈长方形，基本完整。
组合关系	
画面简述	此图为浅浮雕。画面主体表现建筑人物场景。画面中央可见一四坡顶亭阁式（一说厅堂式）建筑物，其地板下可见一中柱及栌斗上承三层（一层二栾栱、二层四栾栱、三层七栾栱）一斗二升栾栱支撑建筑物，同时其正脊两端起翘，瓦垄清晰，双柱承檐，画面建筑物两侧各连接斜上方向廊庑（？），呈"八"字形效果（一说该廊庑为同向亭阁之楼梯，一说该廊庑与中央厅堂共同构成"具有透视效果的"院落场景），左右廊庑各分为三段，其中正脊与垂脊皆末端起翘，瓦垄清晰，檐下有柱，柱上部设替木（？）承檐。中心建筑正脊上方立一鸟，左侧垂脊立一凤鸟，头生羽冠，尾分两歧，左侧画面漫漶，似有鸟兽（？）若干，凤鸟左下侧有两兽，皆回首而望，其中，居右者攀垂脊而上，再下为一兽，面左沿垂脊而下，再下一兽（？），攀垂脊末端翘起；右侧垂脊亦有鸟兽若干，或立或攀垂脊奔走。中心建筑檐下垂幔，柱间二人对坐于榻上，二人间置一案（？），上置一物不明，二人身后各有一侍者，皆着长袍，捧物躬身而立（？）；左右廊庑每段（柱间）一人，

214

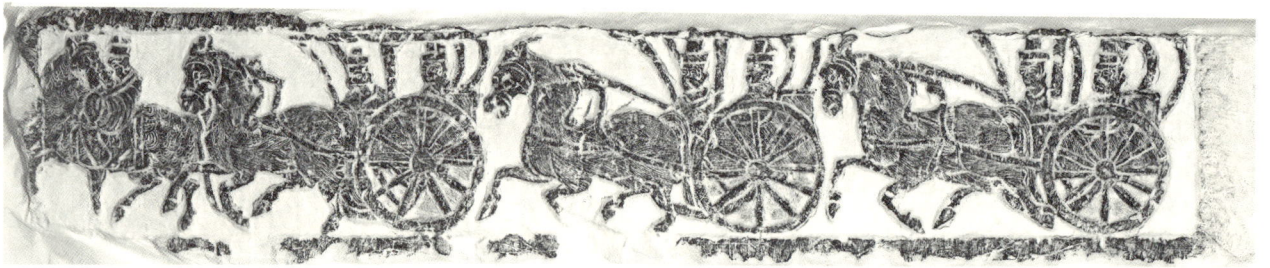

编号	JS-XZ-029
时代	东汉
出土/征集地	铜山县周庄散存
出土/征集时间	
原石尺寸	18×126×38
质地	石灰岩
原石情况	原石呈长方形，左端残。
组合关系	
画面简述	此图为浅浮雕。画面为车马出行主题。画面左端一导骑，马身披鳞纹，回首右望；其后为三辆一马轺车，施维，轮十二辐，前有御者，后有尊者，其中最右侧尊者似戴网状武弁（？）。画面四周有框。
著录与文献	中国画像石全集编辑委员会编：《中国画像石全集·4·江苏、安徽、浙江汉画像石》，济南：山东美术出版社，郑州：河南美术出版社，2000年，第47页，图65。
收藏单位	徐州汉画像石艺术馆

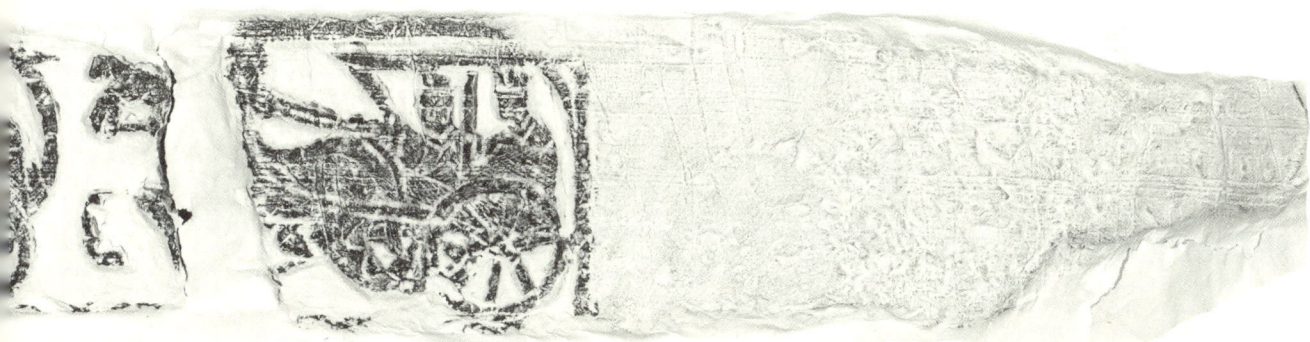

编号	JS-XZ-030
时代	东汉
出土/征集地	铜山县周庄散存
出土/征集时间	
原石尺寸	20×157×42
质地	石灰岩
原石情况	原石呈长方形，断为左右两块。
组合关系	
画面简述	此图为浅浮雕。画面主体为车马出行主题。画面左端有一对阙，正脊末端起翘，瓦垄清晰，屋顶左侧皆探出一鸟首；阙间立一人，着及地袍，手持一物（?），面右而立；建筑右侧一人，着袍，戴网状武弁，捧盾（?），面右躬身迎迓；其右两辆一马四维辎车，轮皆八辐，前有御者，后有尊者，御者与尊者皆戴冠（?），左向奔走。画面四周有框。
著录与文献	中国画像石全集编辑委员会编：《中国画像石全集·4·江苏、安徽、浙江汉画像石》，济南：山东美术出版社，郑州：河南美术出版社，2000年，第47页，图66。
收藏单位	徐州汉画像石艺术馆

编号	JS-XZ-031
时代	东汉
出土/征集地	铜山县周庄散存
出土/征集时间	
原石尺寸	35×51×16
质地	石灰岩
原石情况	原石呈方形，左右两端皆残。
组合关系	
画面简述	此图为浅浮雕。画面左端为一骑，前半部分残损不可见，马尾上翘，面左而行；其后为一马辂车（？），施维，马首饰缨，车前有御者，马车后半部残损不可见。画面上下有框。
著录与文献	武利华、王黎琳编：《徐州汉画象石》，南京：江苏美术出版社，1985年，图192；姚浩：《徐州汉画像石马形象刍议》，《长江文化论丛》2009年第1期，第91页。
收藏单位	徐州汉画像石艺术馆

编号	JS-XZ-032
时代	东汉
出土/征集地	铜山县散存
出土/征集时间	
原石尺寸	102×84×14
质地	石灰岩
原石情况	原石呈长方形，基本完整。
组合关系	

画面简述 此图为浅浮雕。画面左右两端两凤鸟对立，皆头生羽冠，尾分三歧，其中左侧凤鸟身后一半人半蛇神，一手扬起触凤鸟羽冠，右侧凤鸟展翅而立；两凤鸟羽冠之间一鸮（？）；画面下部一龙，头生一角，长颈弯曲，尾部卷扬，四足，张口（？）左向奔走；一凤鸟，亦头生羽冠，尾分三歧，立于龙身之上。画面四周有框。

著录与文献 武利华、王黎琳编：《徐州汉画象石》，南京：江苏美术出版社，1985年，图224；徐毅英主编：《徐州汉画像石》，北京：中国世界语出版社，1995年，第58页，图71；中国画像石全集编辑委员会编：《中国画像石全集·4·江苏、安徽、浙江汉画像石》，济南：山东美术出版社，郑州：河南美术出版社，2000年，第51页，图71；武利华主编：《徐州汉画像石》，北京：线装书局，2004年，第96页，图96；侯晓宇：《徐州汉画像石装饰艺术研究》，博士学位论文，苏州大学，2006年，第26页，图29。

收藏单位 徐州汉画像石艺术馆

编号	JS-XZ-033
时代	东汉
出土/征集地	铜山县散存
出土/征集时间	
原石尺寸	42×144×52
质地	石灰岩
原石情况	原石呈长方形，基本完整。
组合关系	
画面简述	此图为浅浮雕。画面分上下两格。上格五鸟，皆尾部垂地，面右而立；下格为三角形纹。画面四周有框，其中上、左、右边有双层框，框间填刻连弧纹。
著录与文献	武利华、王黎琳编：《徐州汉画象石》，南京：江苏美术出版社，1985年，图215；中国画像石全集编辑委员会编：《中国画像石全集·4·江苏、安徽、浙江汉画像石》，济南：山东美术出版社，郑州：河南美术出版社，2000年，第59页，图84。
收藏单位	徐州汉画像石艺术馆

编号	JS-XZ-034
时代	东汉
出土/征集地	铜山县散存
出土/征集时间	
原石尺寸	60×256×22
质地	石灰岩
原石情况	原石呈长方形，断为左右两块。
组合关系	
画面简述	此图为浅浮雕。画面左端两鸟首共用一身，回首右望；其右一兽，前足踏于左侧鸟背及尾部，张口回首衔其尾；其右两凤鸟，皆头生羽冠，长尾上扬，喙部相对仰头而立；再右一兽，长尾上扬，一足踏于上框，回首左望；再右一麒麟，头生一角，有蹄，面左而立；其后两鸟首自框间探入。画面四周有框，上、左、右三边有四层框，外框间填刻三角形纹及斜线纹，中框间填刻涡形线纹，内框间填刻连弧纹；下边有双层框，框间填刻三层菱形纹及斜线纹。左侧框外一树，树旁一马槽，一马栓于树前；右侧框外一鸟衔鱼，其上有一鸟首自框间探出。
著录与文献	中国画像石全集编辑委员会编：《中国画像石全集·4·江苏、安徽、浙江汉画像石》，济南：山东美术出版社，郑州：河南美术出版社，2000年，第47页，图67；武利华主编：《徐州汉画像石》，北京：线装书局，2004年，第140页，图140。
收藏单位	徐州汉画像石艺术馆

编号	JS-XZ-035
时代	东汉
出土/征集地	铜山县散存
出土/征集时间	
原石尺寸	83×96×21
质地	石灰岩
原石情况	原石呈方形，基本完整。
组合关系	
画面简述	此图为浅浮雕。画面分上下两格。上格四人，皆着束腰长袍（一说下衣着及地裙）而立，其中居左者执彗；下格左端一人，着袍，双手捧笏，面右躬身迎迓；其右一导骑；再右为一马四维轺（？）车，前有御者，后有尊者。画面四周有框。
著录与文献	武利华、王黎琳编:《徐州汉画象石》，南京：江苏美术出版社，1985年，图220；徐毅英主编:《徐州汉画像石》，北京：中国世界语出版社，1995年，第57页，图68；中国画像石全集编辑委员会编:《中国画像石全集·4·江苏、安徽、浙江汉画像石》，济南：山东美术出版社，郑州：河南美术出版社，2000年，第41页，图58。
收藏单位	徐州汉画像石艺术馆

编号	JS-XZ-036
时代	东汉
出土/征集地	铜山县散存
出土/征集时间	
原石尺寸	
质地	石灰岩
原石情况	原石呈长方形，基本完整。
组合关系	
画面简述	此图为浅浮雕。画面分上下四格。上格为双层菱形纹及斜线纹；其下格为波形纹；再下格为三角形纹及斜线纹；最下格为连弧纹。画面四周有框，其中上边为一层框，框外填刻菱形线纹；左、右两侧有双框，框间亦填刻菱形线纹。
著录与文献	
收藏单位	徐州汉画像石艺术馆

编号	JS-XZ-037-01
时代	东汉
出土/征集地	铜山县散存
出土/征集时间	
原石尺寸	104×51×11
质地	石灰岩
原石情况	原石呈长方形，基本完整，左侧可见门枢。
组合关系	左门扉
画面简述	此图为浅浮雕。画面分上下两格。上格为菱形穿璧纹。下格为一铺首衔环，环分两层。画面上、下、左三边有框。
著录与文献	
收藏单位	徐州汉画像石艺术馆

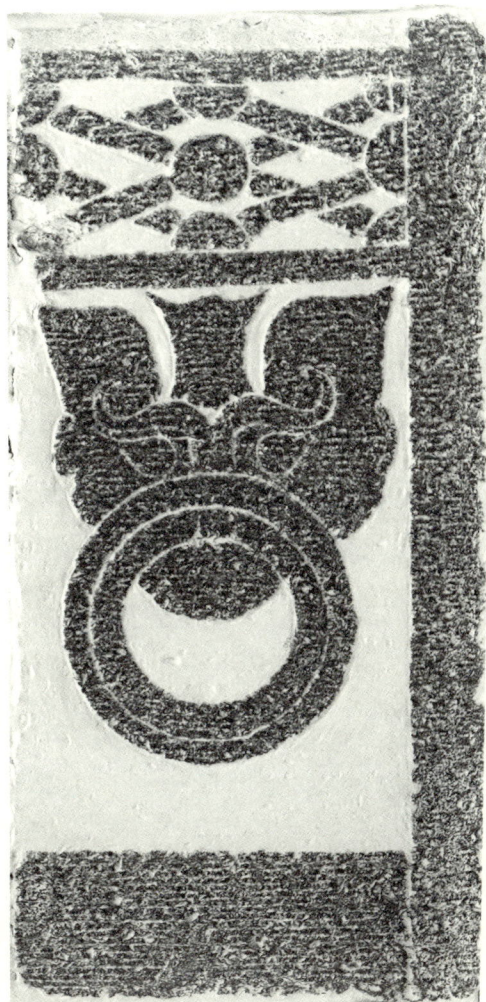

编号	JS-XZ-037-02
时代	东汉
出土/征集地	铜山县散存
出土/征集时间	
原石尺寸	105×49×13
质地	石灰岩
原石情况	原石呈长方形，基本完整，右侧可见门枢。
组合关系	右门扉
画面简述	此图为浅浮雕。画面分上下两格。上格为菱形穿璧纹。下格为一铺首衔环，环分两层。画面上、下、右三边有框。
著录与文献	
收藏单位	徐州汉画像石艺术馆

补遗

编号	JS-XZ-011-02
时代	东汉
出土/征集地	贾汪区青山泉水泥厂 M1 汉墓出土
出土/征集时间	1987年清理
原石尺寸	
质地	石灰岩
原石情况	原石龟裂坍塌。
组合关系	前室南壁
画面简述	此图为浅浮雕。画面表现乐舞题材，主体为五人，左上一人倒立，一手按于下方左侧一人头顶；右上一人跳丸（？）；下方第二人跽坐，双手抚瑟（琴）；其右一人作袖舞。画面左、右、下三边有框，其中左、右边为三层框，外框间填刻连弧纹，内框间填刻双层菱形纹。
著录与文献	邱永生：《徐州青山泉水泥二厂一、二号汉墓发掘简报》，《中原文物》1992年第1期，第94页，图11；武利华：《徐州汉画像石通论》，北京：文化艺术出版社，2017年，第132页。
收藏单位	

编号	JS-XZ-017-01
时代	东汉
出土/征集地	铜山县黄山汉墓
出土/征集时间	1963年出土
原石尺寸	
质地	石灰岩
原石情况	
组合关系	前室门楣
画面简述	此图为浅浮雕。画面刻二龙穿三璧，二龙皆张口回首，互衔其尾。画面四周有双层框，其中上边框间填刻连弧纹。
著录与文献	江苏省文物管理委员会、南京博物院：《江苏徐州、铜山五座汉墓清理简报》，《考古》1964年第10期，第518页，图19-2。
收藏单位	

编号	JS-XZ-017-02
时代	东汉
出土/征集地	铜山县黄山汉墓
出土/征集时间	1963年出土
原石尺寸	
质地	石灰岩
原石情况	
组合关系	左门扉
画面简述	此图为浅浮雕。画面刻铺首衔环。
著录与文献	江苏省文物管理委员会、南京博物院:《江苏徐州、铜山五座汉墓清理简报》,《考古》1964年第10期,第514页。
收藏单位	

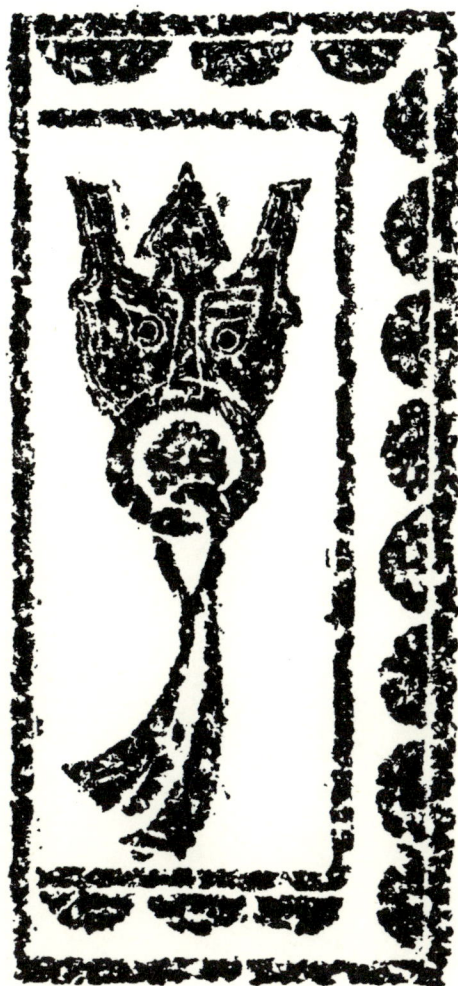

编号	JS-XZ-017-03
时代	东汉
出土/征集地	铜山县黄山汉墓
出土/征集时间	1963年出土
原石尺寸	
质地	石灰岩
原石情况	
组合关系	右门扉
画面简述	此图为浅浮雕。画面刻铺首衔环，环下系绶带。四周有框，其中上、下、右三边有双层框，框间填刻连弧纹。
著录与文献	江苏省文物管理委员会、南京博物院:《江苏徐州、铜山五座汉墓清理简报》,《考古》1964年第10期，第514页。
收藏单位	

编号	JS-XZ-017-06
时代	东汉
出土/征集地	铜山县黄山汉墓
出土/征集时间	1963年出土
原石尺寸	
质地	石灰岩
原石情况	
组合关系	后室南立柱
画面简述	此图为浅浮雕。画面上方一鸟，展翅而飞，其左下一鸟，自框间探入；其下为二半人半蛇神，尾部相交，一说为伏羲女娲；再下画面漫漶，形象不可辨。画面四周有框，其中上、下边为双层框，上边框间纹饰不明，下边框间填刻连弧纹。
著录与文献	江苏省文物管理委员会、南京博物院：《江苏徐州、铜山五座汉墓清理简报》，《考古》1964年第10期，第517页，图18-1。
收藏单位	

编号	JS-XZ-017-07
时代	东汉
出土/征集地	铜山县黄山汉墓
出土/征集时间	1963年出土
原石尺寸	
质地	石灰岩
原石情况	
组合关系	后室北立柱
画面简述	此图为浅浮雕。画面上方一兽，身形卷曲；其下二兽（龙）相戏，四周有云气（？）；再下一铺首衔环，环下系绶带；画面上边框下饰连弧纹补白。画面四周有框。
著录与文献	江苏省文物管理委员会、南京博物院：《江苏徐州、铜山五座汉墓清理简报》，《考古》1964年第10期，第517页，图18-3。
收藏单位	

编号	JS-XZ-017-08
时代	东汉
出土/征集地	铜山县黄山汉墓
出土/征集时间	1963 年出土
原石尺寸	
质地	石灰岩
原石情况	右上角残损。
组合关系	后室西壁
画面简述	此图为浅浮雕。画面中央一四坡顶厅堂式建筑，屋顶正脊及垂脊末端皆起翘；正脊上方立二凤鸟，皆头生羽冠，尾分三歧，喙部、颈部相抵，其左下方一鸟首，右下方二鸟首自框间探入；屋顶左右各一猴（？），沿垂脊上攀；檐下双柱，柱顶有栌斗及一斗二升栾栱承檐；檐下中央饰垂幔，柱间二人，皆着宽袖长袍，相对跽坐，二人间置一樽及勺（？）；左侧柱外一人，着宽袖长袍，双手持一物，面右躬身而立；右侧柱外二人，相对而立。画面四周有双层框，框间填刻连弧纹。
著录与文献	江苏省文物管理委员会、南京博物院：《江苏徐州、铜山五座汉墓清理简报》，《考古》1964 年第 10 期，第 516 页，图 17-1。
收藏单位	

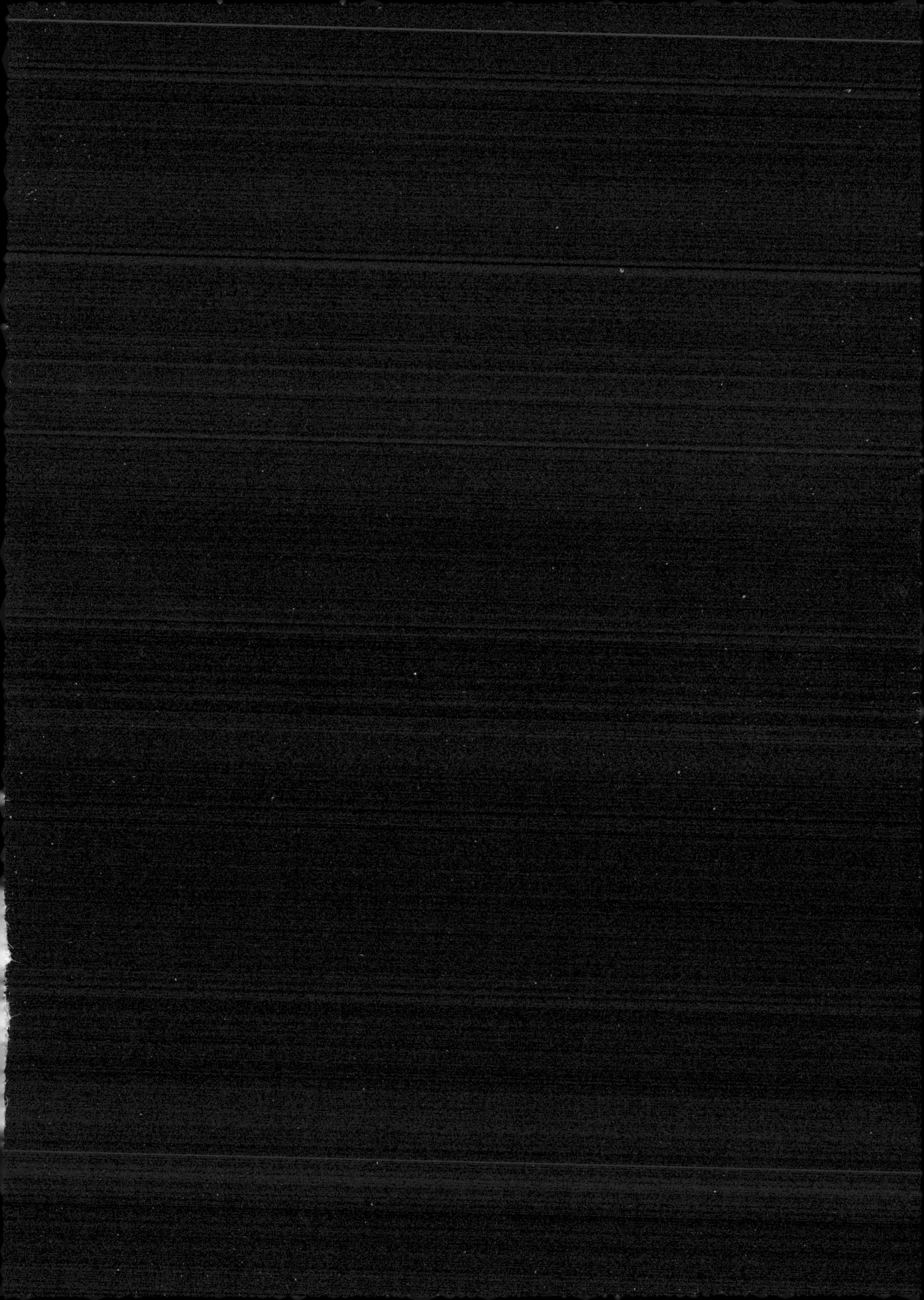